ARMIN TÄUBNER

Kinderleichter Sternenzauber

INHALT

38

Kinderleichter Sternenzauber

Sterne, so weit das Auge reicht: Neben bekannten Klassikern findest du hier auch weniger bekannte und ganz neue, speziell für dieses Buch entwickelte Sterne, und zwar von einfach bis etwas schwieriger.

Fast die Hälfte der Sterne wird aus quadratischen Faltblättern gefaltet. Diese Faltblätter gibt es sowohl einfarbig, als Regenbogenpapier, mit Mustern bedruckt, aus Transparentpapier und aus farbiger Alufolie zu kaufen. Du kannst denselben Stern mit verschiedenen Papieren falten und jedes Mal sieht er anders aus. Probiere einfach aus, welcher Stern dir aus welchem Papier am besten gefällt. Bei manchen Sternen sind Schablonen notwendig, die du ganz einfach selbst herstellst.

Es gibt sehr viele Möglichkeiten, was du mit den fertigen Sternen machen kannst: Sterne aus Transparentpapier wirken am besten am Fenster, andere zieren gerne den Weihnachtsbaum oder den Adventskranz. Du kannst auch mehrere Sterne als Girlande aneinanderbinden oder unterschiedlich große Sterne an einem Band untereinander befestigen. Auch als Geschenkanhänger sind sie sehr gut geeignet. Dir fallen bestimmt noch viele andere Möglichkeiten ein. Viel Spaß und tolle Bastelstunden!

Modern und peppig

zwölfzackiger Steckstern in Pink oder Lila

1 Übertrage die Umrisse der Schablonen mit Bleistift auf Karton und schneide sie aus. Das Teil mit den zwei Zacken wird doppelt benötigt. Von den drei Schablonen hat eine drei Einschnitte und die anderen beiden jeweils nur einen. Mache die Einschnitte in die Teile. Dazu legst du nach dem Ausschneiden jeweils die Schablone auf das passende Teil und schneidest mit der Schere durch den Einschnitt in der Schablone in das Kartonteil. Wichtig ist, dass die Einschnitte sehr genau und so lang wie auf der Vorlage sein müssen!

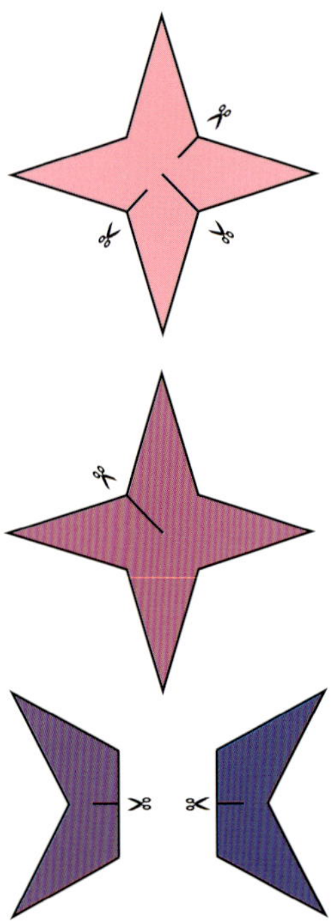

DURCHMESSER
ca. 12 cm

VORLAGE
Seite 54 + 55

MATERIAL
* Fotokarton in Pink oder Lila, 20 cm x 15 cm

2 Stecke die beiden vierzackigen Sternteile ineinander.

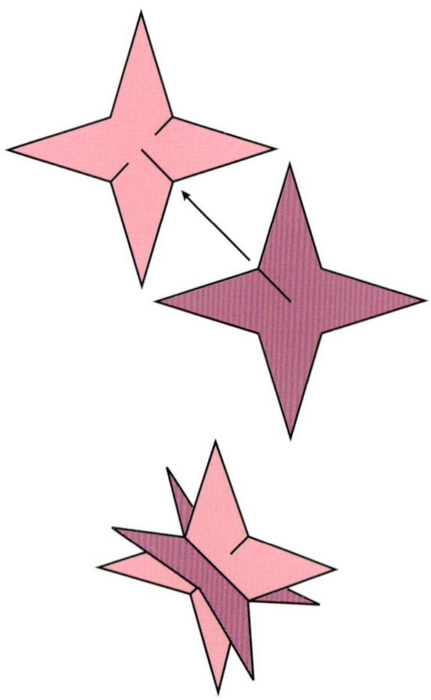

3 Die beiden zweizackigen Sternteile haben nur halb so lange Einschnitte und werden von beiden Seiten her aufgesteckt.

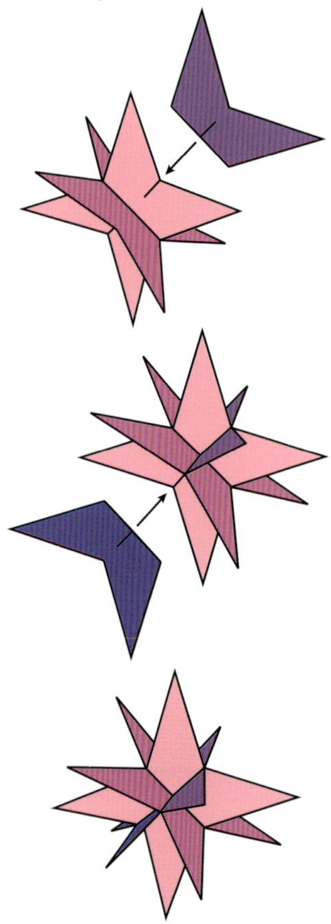

Strahlenglanz

halbe und ganze Igelsterne

DURCHMESSER
ca. 8 cm und 10 cm

MATERIAL
* Alu-Bastelfolie in Lila-Gold und Pink-Gold, 25 cm x 50 cm

VORLAGE
Seite 56

1 Fertige zuerst die Schablone an und schneide sie an den acht Linien ein. Lege die Schablone auf die Folie und zeichne den Umriss mit einem spitzen Bleistift oder einem Druckbleistift nach. Dabei wird die Linie nur in die Folie eingedrückt. Insgesamt werden acht Folienkreise benötigt. Schneide die Folienkreise aus.

Als Hilfsmittel kannst du die Spitze eines Stiftes an den Rand genau auf die Mitte eines Abschnittes legen und schlägst dann die beiden Ecken des Abschnitts um die Stiftspitze. Klappe eine Ecke wieder etwas auf, trage Klebstoff auf und forme wieder die Tütenspitze. Wenn du etwas Übung hast, gelingt dir das Tütenformen auch ohne Stift.

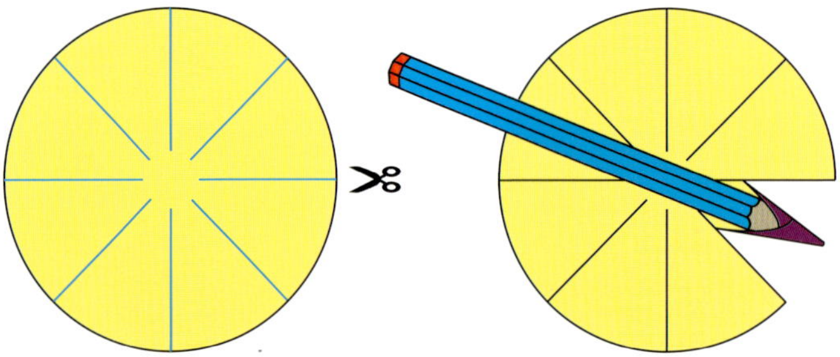

2 Lege die Schablone auf einen Folienkreis und schneide mit der Schere rundum durch die Schablone die blauen Linien von Zeichnung 1 in den Folienkreis. Nimm die Schablone ab. Nun werden aus den Abschnitten zwischen den Einschnitten spitze Tüten geformt und geklebt.

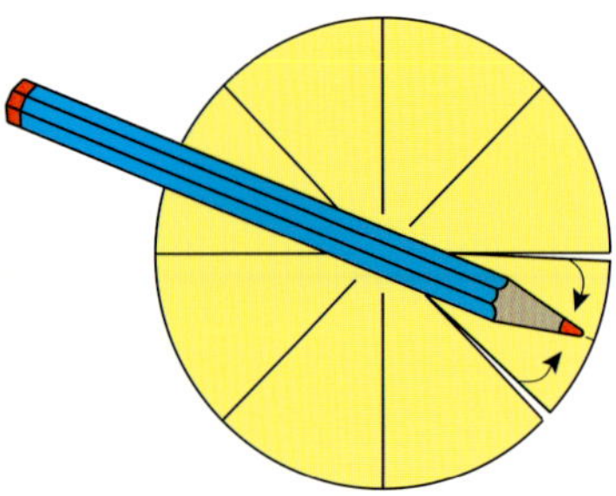

3 So sieht eine fertige Tütenspitze aus. Forme und klebe weitere sieben Tütenspitzen. Ein einfacher Stern ist fertig. Fertige weitere Sterne. Nun hast du mehrere Möglichkeiten:

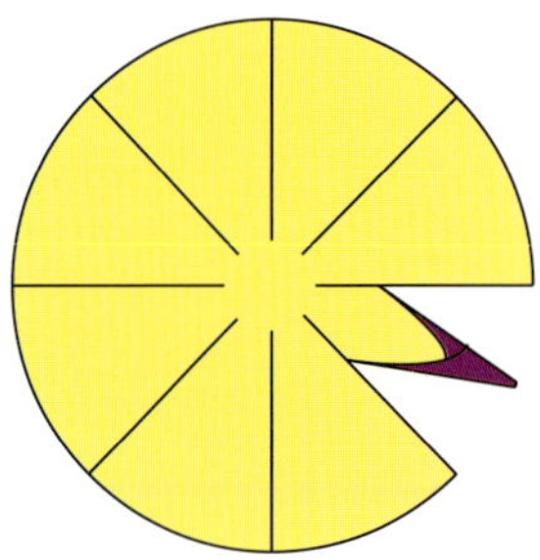

4 Klebe einen zweiten Stern versetzt auf oder Rücken an Rücken an den ersten Stern (nicht im Bild zu sehen). Du kannst auch vier Sterne immer versetzt aufeinanderkleben, sodass eine Igelstern-Halbkugel entsteht. Um den vierten Stern aufzukleben und anzudrücken, steckst du am besten das stumpfe Ende eines Stiftes in die Sternmitte und drückst so die vier Sternmitten aufeinander. Für einen ganzen Igelstern werden zwei Sternhalbkugeln benötigt. Diese Halbkugeln werden Rücken an Rücken zusammengeklebt. Falls gewünscht, kannst du vorher noch einen Aufhängefaden einlegen.

Außergewöhnlich

bunte Modulsterne

1 Falte das Papier in der Mitte und öffne es wieder. Dann drehst du das Papier um 90°, faltest es nochmals in der Mitte und öffnest es wieder. Drehe das Papier um.

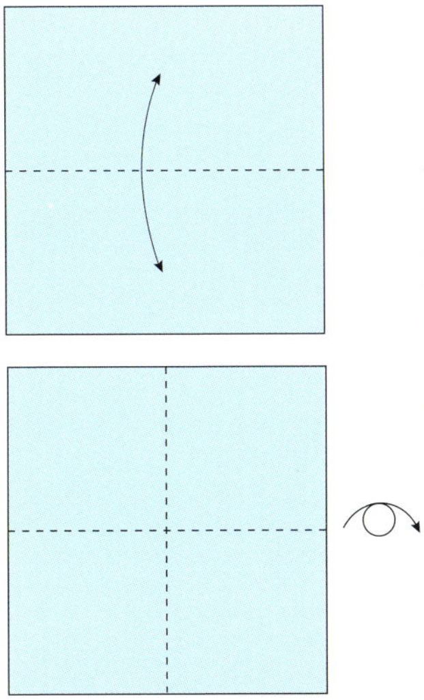

2 Falte eine Ecke auf die gegenüberliegende Ecke und öffne das Papier wieder. Nun faltest du die beiden anderen Ecken aufeinander und öffnest das Papier wieder. Drücke die Papiermitte (rotes M) von der Rückseite et-

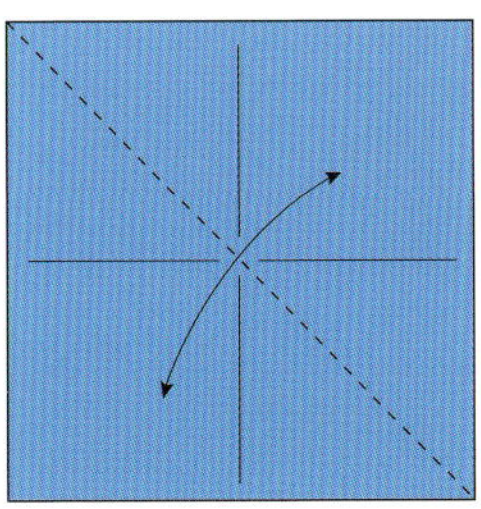

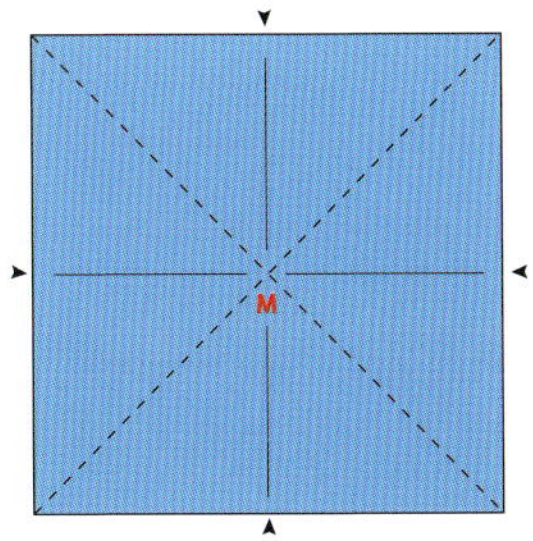

was nach vorne und gleichzeitig die Seiten an den Pfeilen zur Mitte hin.

3 So entsteht ein kleineres Quadrat, das hier Modul genannt wird. Falte auf die gleiche Art und Weise noch weitere drei, vier oder fünf Module.

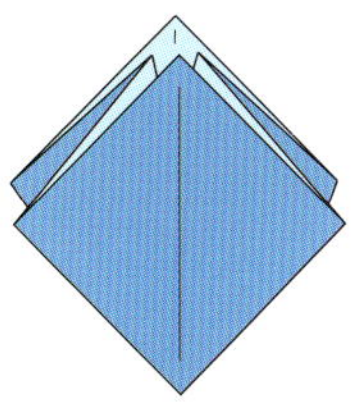

4 Trage auf ein Modul Klebstoff auf (weiße Linien) und setze das zweite Modul so auf, dass es genau dieselbe Position hat. Klebe weitere Module auf und dann klebst du einfach das letzte an das erste Modul und der Modulstern ist fertig.

DURCHMESSER
ca. 19 cm und 20 cm

MATERIAL
* 4 bis 8 zweifarbige Faltblätter, 15 cm x 15 cm

5 Für eine anderen Variante (siehe im Bild gelber Stern) wird die obere Ecke des Quadrats an der gestrichelten Linie nach unten gefaltet. Auch auf der Rückseite wird die obere Ecke nach unten gefaltet. Nun werden weitere Module auf die gleiche Art gefaltet. Trage Klebstoff auf das nach unten gefaltete Dreieck auf, lege ein zweites Modul auf und so weiter.

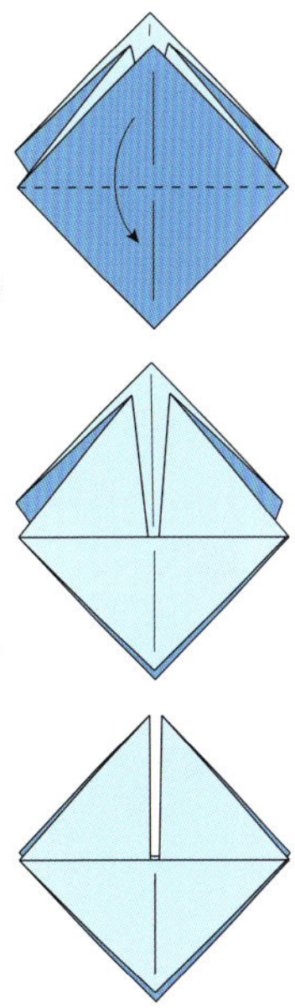

Zarte Schönheiten

Kirigamisterne

1 Fertige zuerst die Schablonen an.

2 Falte von dem Tonpapierquadrat zwei gegenüberliegende Ecken aufeinander.

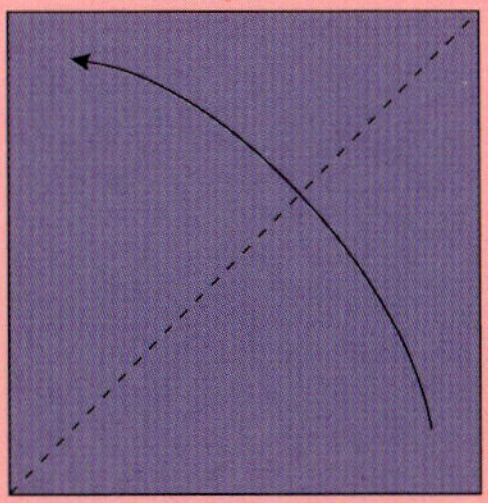

3 Nun faltest du zuerst die rechte und dann die linke Ecke zur Mitte, sodass ein Quadrat entsteht.

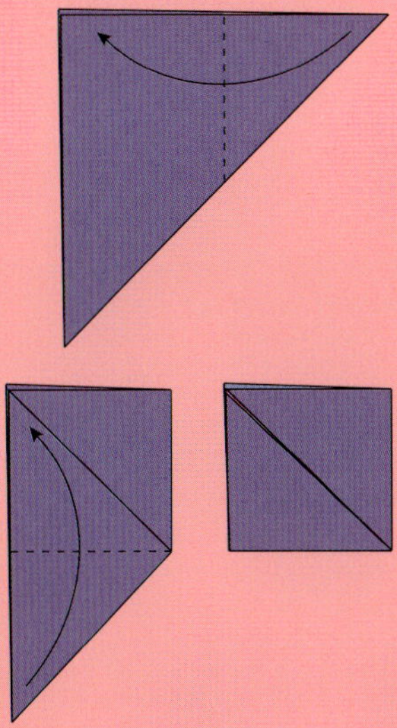

4 Falte eine Hälfte des Quadrats an der rot-gestrichelten Linie nach hinten, sodass ein Dreieck entsteht.

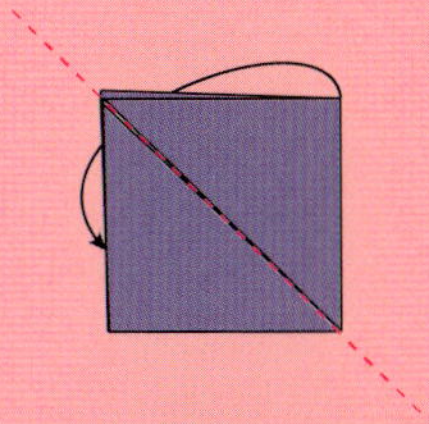

5 Lege die gewünschte Schablone auf das Dreieck und zeichne die Umrisse mit Bleistift nach.

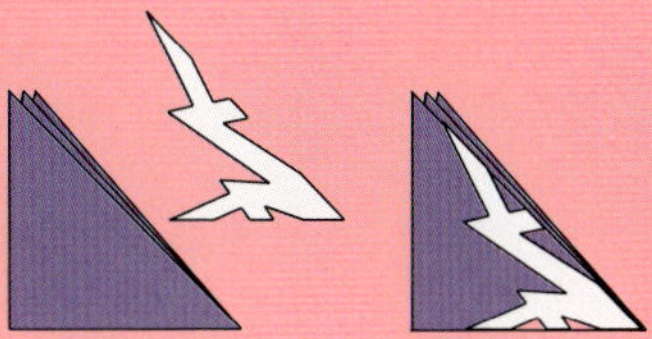

6 Schneide die Bleistiftlinien mit der Schere nach und entfalte den Stern.

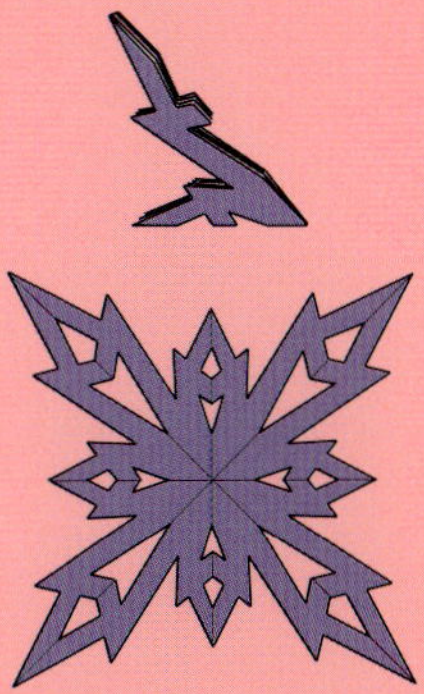

DURCHMESSER
ca. 20 cm, 24 cm und 26 cm

MATERIAL
* Tonpapier in Lila, 30 cm x 30 cm
* Transparentpapier in Weiß, Rosa oder Lila, 20 cm x 20 cm

VORLAGE
Seite 57

7 Lege den Stern auf einen hellen, am besten einen weißen, Untergrund. Obenauf legst du das Transparentpapier. Mit einem Filzstift zeichnest du nun den Umriss des Sternes etwa 2 bis 3 Millimeter vom äußeren Rand des Sterns entfernt nach (also ein paar Millimeter kleiner). Schneide den Transparentpapierstern aus, trage Klebstoff auf den Tonpapierstern auf und klebe den Transparentpapierstern auf. Beim Stern, der mit lila Transparentpapier hinterklebt ist, brauchst du keinen Transparentpapierstern ausschneiden – hier genügt ein lila Transparentpapierkreis mit 9 cm Durchmesser.

In frischen Farben

plastisch

DURCHMESSER
ca. 16 cm

MATERIAL
* Foto- oder Tonkarton in Hellgrün und Hellblau bzw. Gelb und Weiß, 3 x 17 cm x 17 cm

VORLAGE
Seite 61

1 Fertige die Schablone an, lege sie auf den Fotokarton und zeichne für jeden Stern dreimal den Umriss mit Bleistift nach. Du kannst die Sterne entweder einfarbig, zweifarbig (wie auf dem Foto) oder dreifarbig machen. Schneide die Teile aus.

2 Zwei der drei Teile werden an der gestrichelten Linie gefaltet. Beim Stern mit den kurzen Zacken verläuft die gestrichelte Linie von einer Spitze zur anderen Spitze auf der Gegenseite. Beim anderen Stern verläuft die Line von der Kerbe zwischen den Zacken zur Kerbe auf der anderen Seite.

3 Damit sich die beiden Teile exakt falten lassen, ziehst du mit dem Lineal und einem leer geschriebenen Kugelschreiber die gestrichelten Linien kräftig nach. Falte die beiden Sternteile.

4 Durchsteche das dritte, nicht gefaltete Teil am Anfang der gestrichelten Linie mit einer Vorstechnadel und ziehe den Aufhängefaden durch.

5 Nun wird eines der beiden gefalteten Teile entlang der Faltlinie mit Klebstoff bestrichen und auf das ungefaltete Teil (mit dem Aufhängefaden) geklebt.

6 Wenn der Klebstoff trocken ist, klebst du das andere gefaltete Teil an.

Mein Tipp für dich

Für Profis Wenn du dich mit der Nähmaschine auskennst, kannst du die Teile statt sie aufeinanderzukleben auch aufeinandernähen.

Leuchtend

zehnzackiger Stern in Gelb, Orange und Rot

1 Fertige zuerst die Schablone an. Dann legst du die Schablone auf den Karton und zeichnest den Umriss mit Bleistift nach. Schneide das Sternteil aus. Damit du den Karton exakt falten kannst, ziehst du die Faltlinien vorher mit dem Lineal und einem leer geschriebenen Kugelschreiber kräftig nach. Bei den beiden anderen Faltlinien machst du dasselbe.

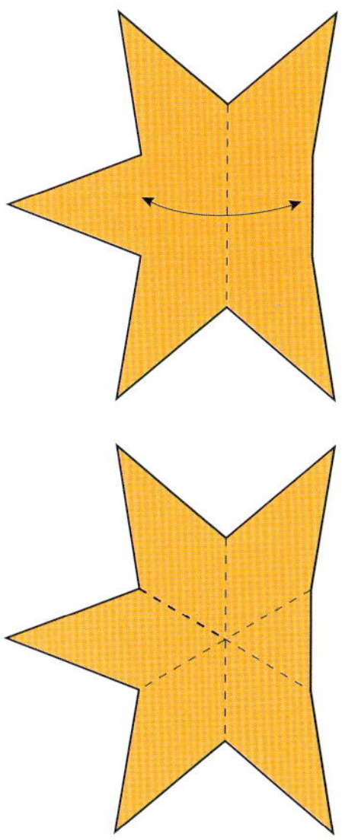

2 Dort, wo der Zacken fehlt, schneidest du mit der Schere entlang der lilafarbenen Linie bis zur Sternmitte ein und drehst dann den Stern um.

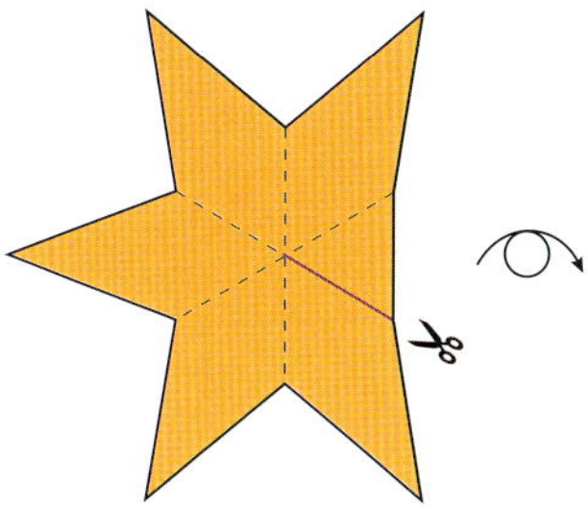

3 Damit sich die Zacken umklappen lassen, musst du mit dem Kugelschreiber jeweils die gestrichelten Linie nachziehen und dann die Zacken umklappen.

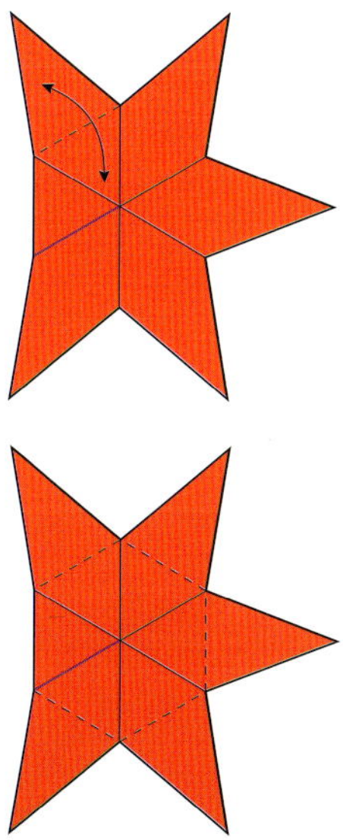

DURCHMESSER
ca. 20 cm

MATERIAL
* Foto- oder Tonkarton in Gelb, Orange und/oder Rot, A4 (pro halbem Stern A5 in einer Farbe)

VORLAGE
Seite 55

4 Trage auf das Dreieck neben dem Einschnitt Klebstoff auf (weiße Linien) und schiebe dann das Dreieck in Pfeilrichtung unter das Nachbardreieck.

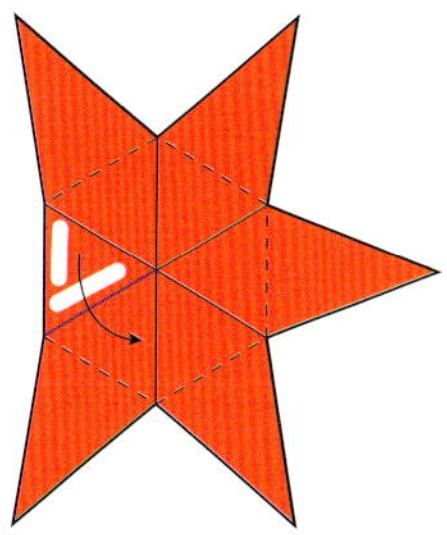

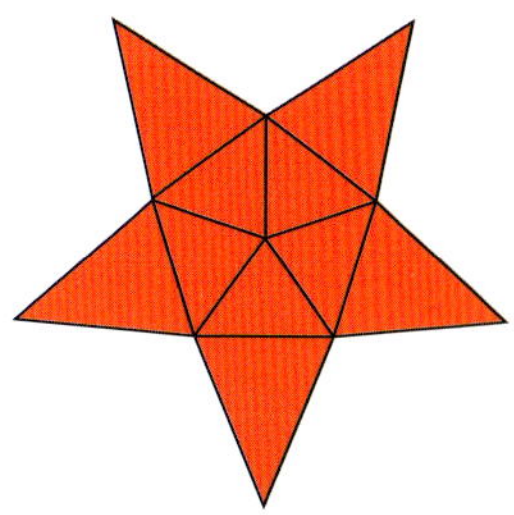

5 Fertige einen weiteren Stern in der gleichen oder einer anderen, passenden Farbe an und klebe dann beide Sterne versetzt und Rücken an Rücken zusammen.

Transparentsterne

beliebter Klassiker in fröhlichen Farben

DURCHMESSER
ca. 42 cm

MATERIAL
* je 8 Transparentpapier-Faltblätter in Rot, Orange oder Gelb, 15 cm x 15 cm

1 Der gelbe Stern ist sehr einfach und sehr schnell gebastelt. Falte einfach die beiden gegenüberliegenden Ecken aufeinander und öffne das Papier wieder.

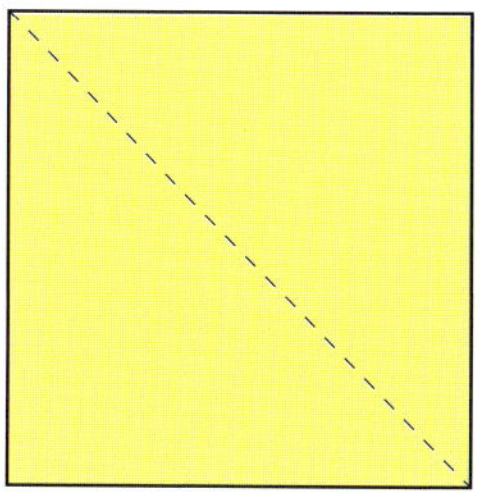

2 Falte die rechte Ecke zur Mitte und dann auch die linke. Es entsteht eine Drachenform.

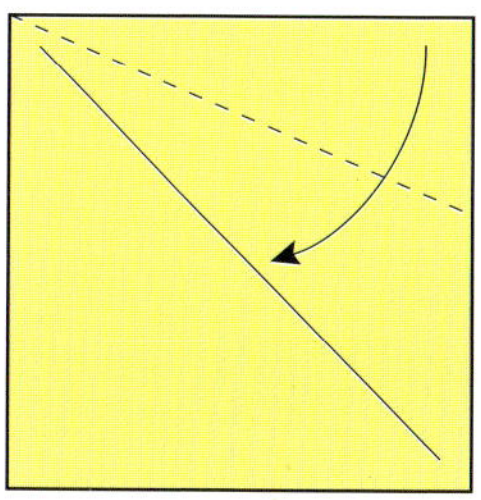

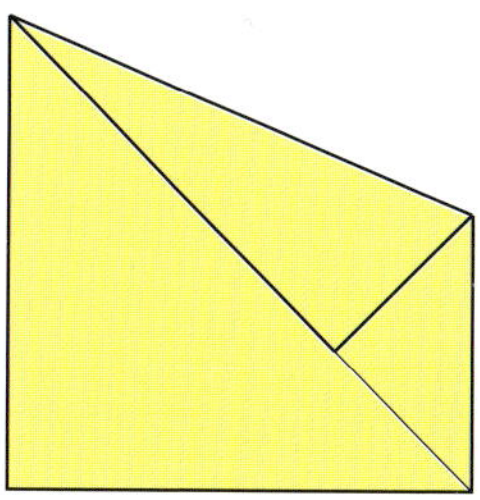

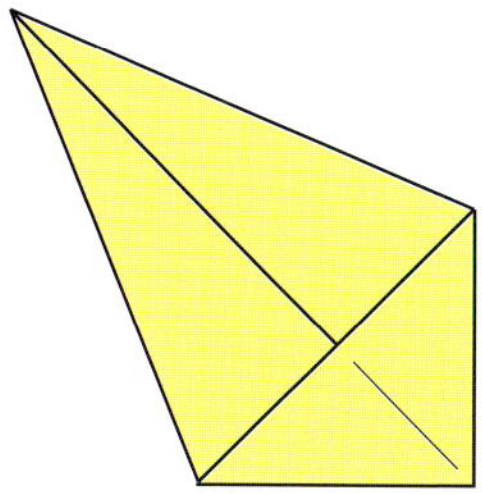

3 Falte noch sieben weitere Drachenformen. Klebe zwei Drachenformen so aufeinander, dass sich die Spitzen halb überschneiden. So fortfahren, bis der Stern fertig ist.

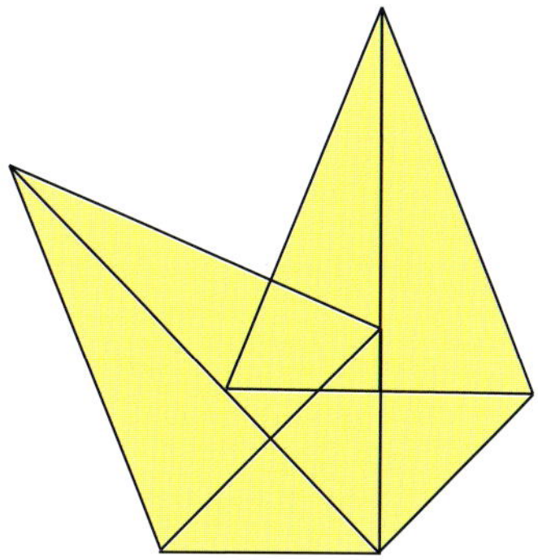

4 Beim orangefarbenen Stern wird ebenfalls zuerst eine Drachenform gefaltet. Dann faltest du das nach innen gefaltete Dreieck an der gestrichelten Linie wieder nach außen.

5 Beim roten Stern wird bei der Drachenform nochmals die rechte und dann die linke Ecke zur Mitte gefaltet. Dadurch werden die Sternzacken nur noch halb so breit wie bei den beiden anderen Sternen.

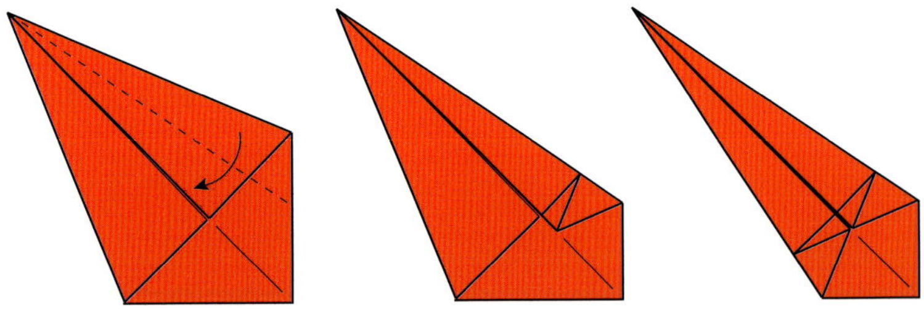

Strahlend in Orange

Anleitung Seite 22/23

Strahlend in Orange

achtzackiger Stern

1 Falte das Papier in der Mitte und öffne es wieder.

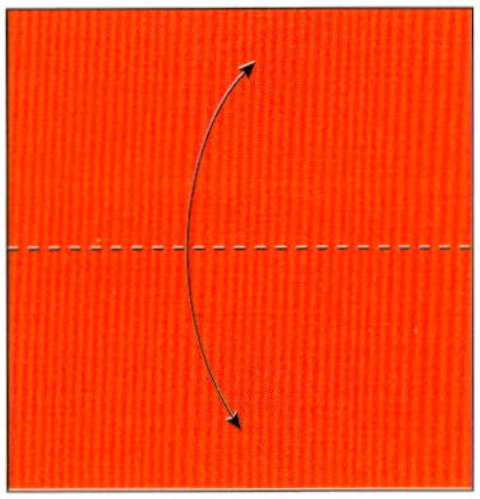

2 Dann faltest du das Papier quer ebenfalls in der Mitte und öffnest es wieder. Wende das Papier.

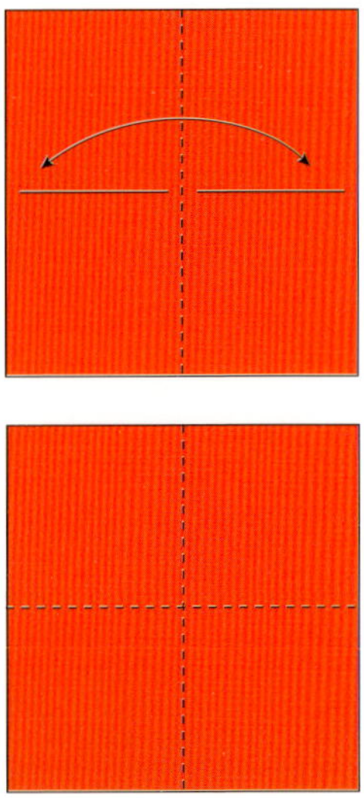

3 Nun wird das Papier an den gestrichelten Linien gefaltet und jeweils wieder geöffnet.

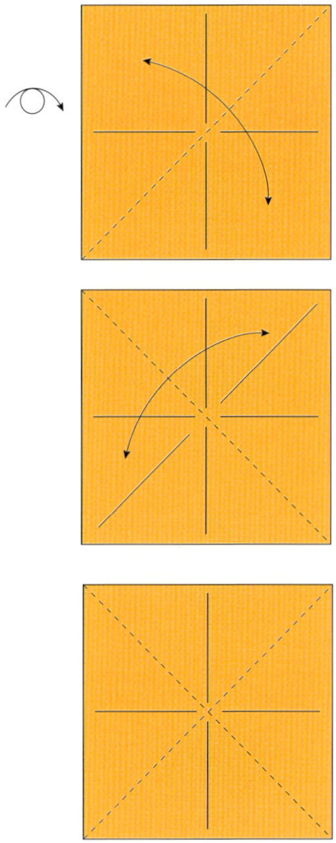

DURCHMESSER
ca. 19 cm

MATERIAL
* 2 Faltblätter in Orange, 15 cm x 15 cm

4 Schneide das Papier von den Seiten an den roten Linien jeweils 3 cm tief ein.

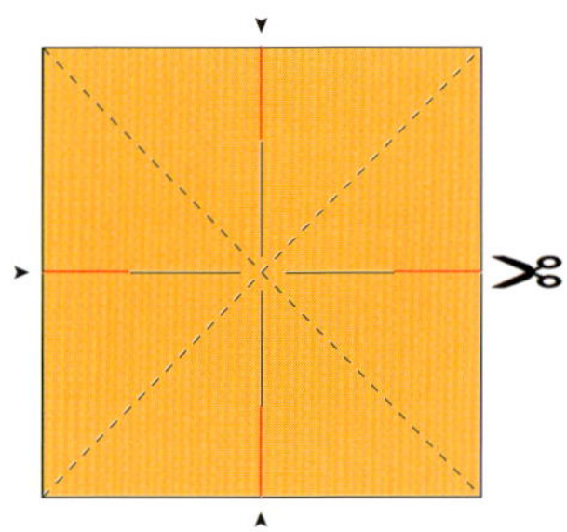

5 Jetzt werden wie gezeigt die zwei Dreiecke neben zwei Einschnitten so nach innen gefaltet, dass ein Sternzacken entsteht.

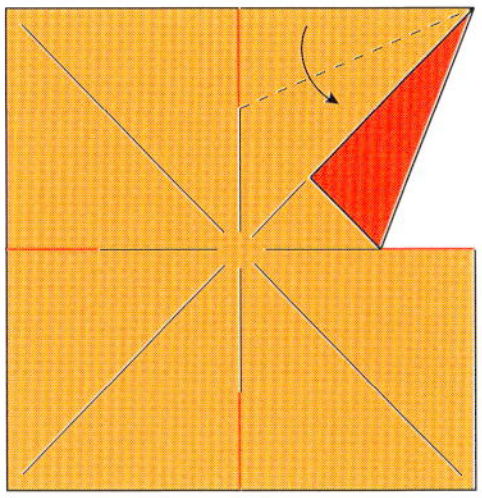

6 Wiederhole diesen Vorgang an den drei anderen Ecken. Der Stern ist jetzt flach. Damit er plastisch wird, müssen die roten Faltabschnitte in Pfeilrichtung übereinander geschoben und angeklebt werden. Wenn die roten Faltabschnitte ganz übereinander geschoben werden, wölbt sich der Stern so stark, dass er nicht auf einen zweiten Stern geklebt werden kann. Am besten klebst du die Faltabschnitte so weit übereinander, wie es auf der letzten Zeichnung (von Schritt 7) zu sehen ist.

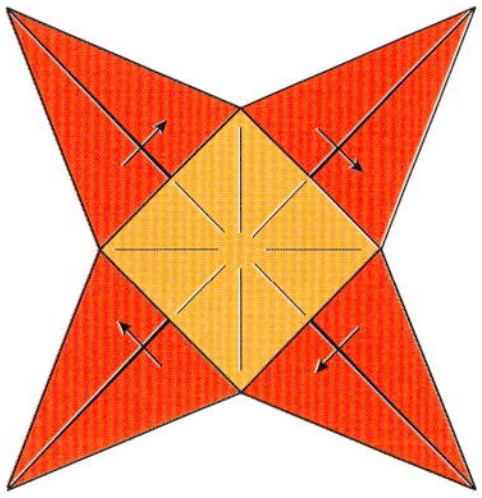

7 Fertige noch einen zweiten Stern. Tupfe auf einen Stern da, wo die weißen Punkte sind, Klebstoff auf, um zwei vierzackige Sterne versetzt zu einem achtzackigen Stern aufeinander zu kleben.

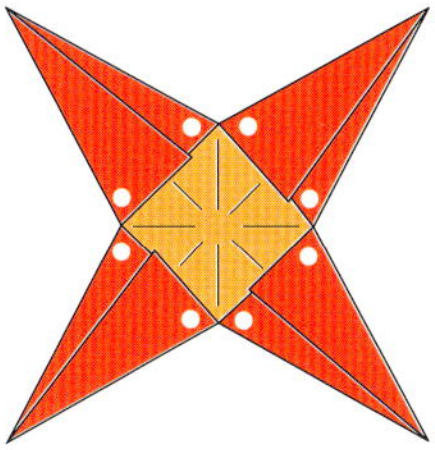

Einfach, aber wirkungsvoll

Sterne mit zusammengedrückten Spitzen

1 Die Schablone in der gewünschten Größe aus- und rundum sechsmal einschneiden. Lege sie auf das Papier und zeichne den Umriss mit Bleistift nach. Schneide den Papierkreis aus. Nun legst du die Schablone wieder auf den Papierkreis und schneidest durch die Schablone an den blauen Linien rundum in den Papierkreis. Dann nimmst du die Schablone ab.

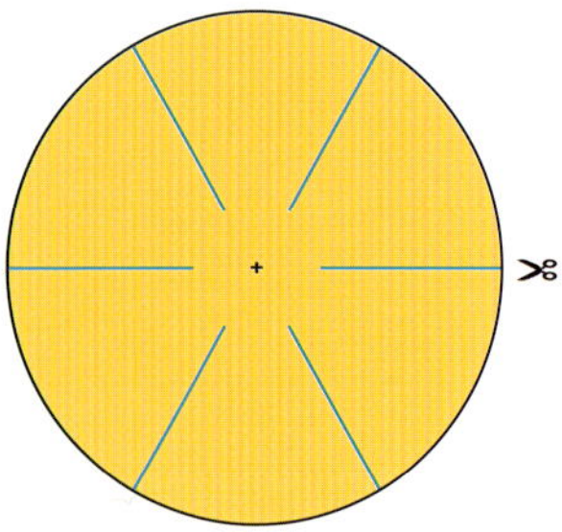

2 Es sind rundum sechs Abschnitte. Bei einem dieser Abschnitte musst du jetzt die beiden Ecken nach oben biegen und zusammendrücken. Wieder öffnen, etwas Klebstoff auftragen und erneut zusammendrücken. So alle sechs Abschnitte zu Spitzen formen.

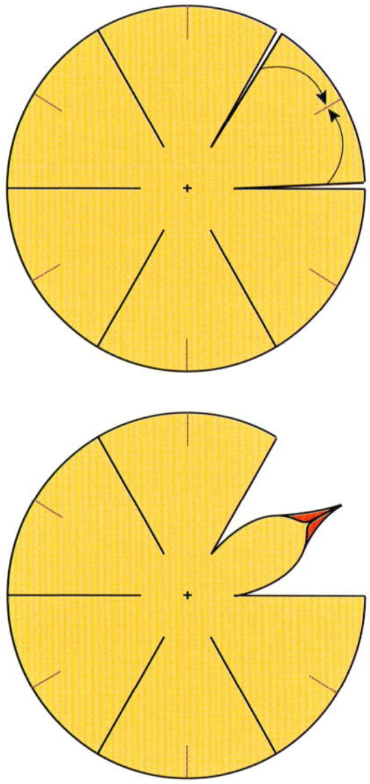

DURCHMESSER
ca. 10 cm, 12 cm und 14 cm

MATERIAL
* Papier in Rot-Gold, 2 x 15 cm x 15 cm

VORLAGE
Seite 54

3 So sieht ein fertiger Einzelstern aus (siehe z. B. rechts im Bild).

4 Jetzt hast du wieder verschiedene Möglichkeiten. Klebe zum Beispiel zwei dieser Sterne Rücken an Rücken versetzt aufeinander (in der Bildmitte). Du kannst auch zwei unterschiedlich große Sterne aufeinanderkleben (links im Bild, hier klebt einer mit ø 10 cm auf einem mit ø 14 cm).

Mein Tipp für dich

Tischkarten oder Geschenkanhänger Diese lassen sich mit einem Einzelstern, der auf die beschriebene Art und Weise gefertigt wird, wirkungsvoll aufpeppen.

Aus Papierstreifen

kleine Tütensterne

DURCHMESSER
ca. 13 cm, 16 cm und 18 cm

MATERIAL
* 7 bzw. 14 Papierstreifen in Rot-Gold, Blau-Gold oder Grün-Gold, jeweils 15 cm lang und 2 cm breit

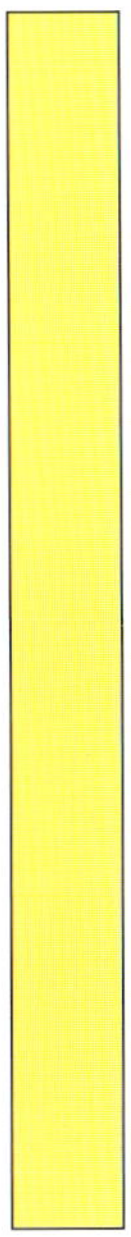

1 Für den Stern in Blau-Gold und Grün-Gold werden jeweils sieben Papierstreifen benötigt. Beim rot-goldenen Stern sind es vierzehn Streifen.

2 Um eine Tüte zu formen musst du einfach die beiden Streifenenden so weit übereinander schieben, bis eine spitze Tüte entsteht. Nun klebst du die Tüte. Wichtig ist, dass alle Tüten etwa gleich groß sind. Für einen Stern brauchst du entweder sieben oder vierzehn Tüten.

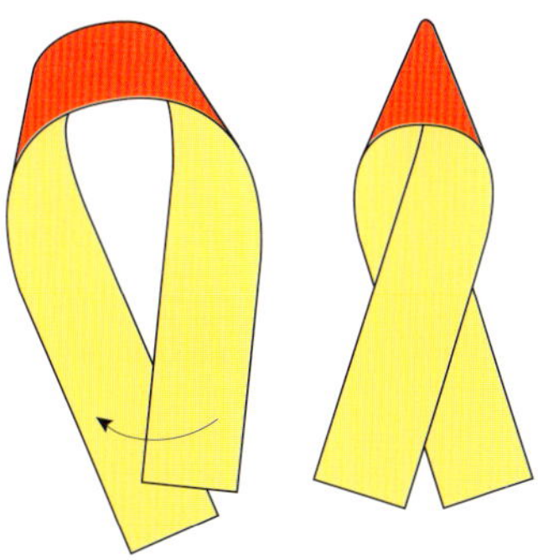

3 Die Bandenden der geklebten Tüten können unterschiedlich zu- bzw. abgeschnitten werden. Beim grün-goldenen Stern ist es Zuschnitt A, beim blau-goldenen Stern ist es Zuschnitt C. Für den rot-goldenen Stern nimmst du beim Innenstern den Zuschnitt B. In die Tüten des Innensterns klebst du jeweils eine Tüte mit Zuschnitt C.

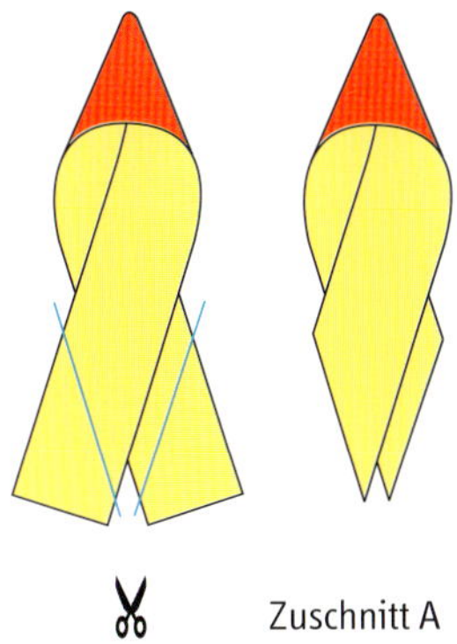

Zuschnitt A

Mein Tipp für dich

Papiere Papierstreifen gibt es bereits fertig geschnitten zu kaufen. Für diese Sterne habe ich allerdings zweifarbige Faltblätter, 15 cm x 15 cm, genommen und davon einfach 2 cm breite Streifen abgeschnitten.

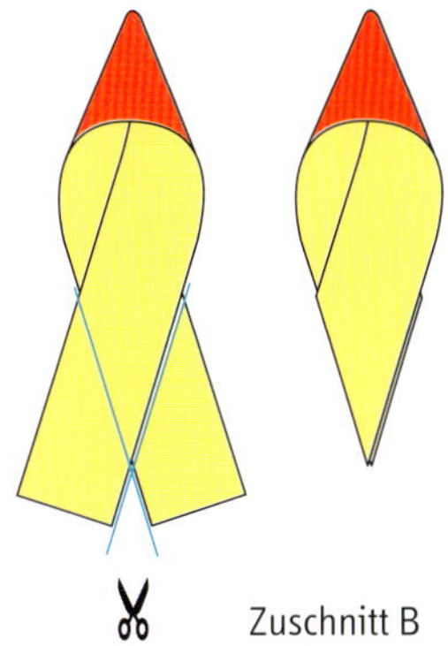

Zuschnitt B

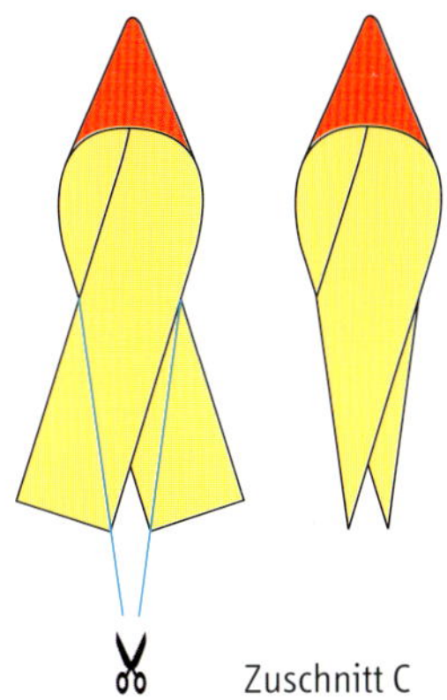

Zuschnitt C

4 Lege sieben Tüten so zu einem Stern zusammen, dass sich die Tütenspitzen berühren. Nimm eine Tüte weg, trage an der Seite etwas Klebstoff auf und lege sie zurück in den Stern. Die restlichen sechs Tüten ebenfalls jeweils einzeln entfernen, Klebstoff auftragen und wieder zurücklegen.

Festlich gefaltet

Taschenstern

DURCHMESSER
ca. 8,5 cm

MATERIAL
* Papier in Rot-Gold, 15 cm x 15 cm

VORLAGE
Seite 59

1 Fertige eine Schablone an. Wichtig sind die Punkte L und M am Rand, denn sie markieren jeweils den Anfang und das Ende der Faltlinien. Diese müssen auf jeden Fall auf der Schablone markiert sein, am besten durch sehr kleine Kerben am Schablonenrand. Lege die Schablone auf das Papier und zeichne ihren Umriss mit Bleistift nach. Schneide das Dreieck aus. Nun legst du nochmals die Schablone auf und markierst mit Bleistift die drei M-Punkte (= Seitenmittelpunkte). Nimm die Schablone ab und falte die obere Ecke E an der gestrichelten Linie so nach unten, dass sie auf der Gegenseite auf dem Punkt M liegt.

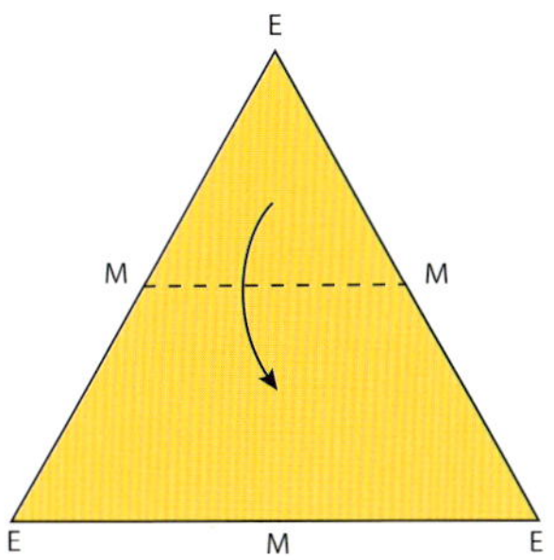

2 Jetzt faltest du die Ecke wieder nach oben, jedoch diesmal an der Faltlinie zwischen den beiden L-Punkten.

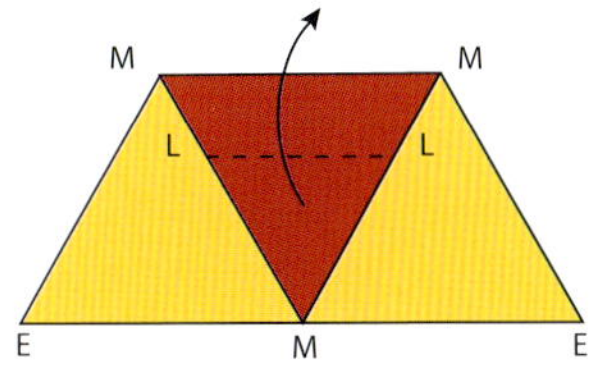

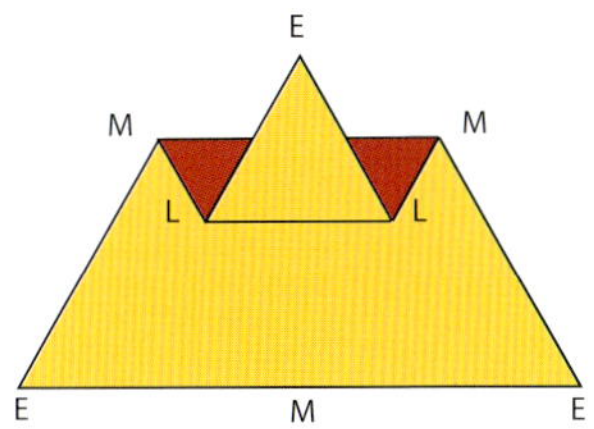

3 Dasselbe machst du auch mit den beiden anderen Ecken. Dann entfaltest du das ganze Dreieck wieder.

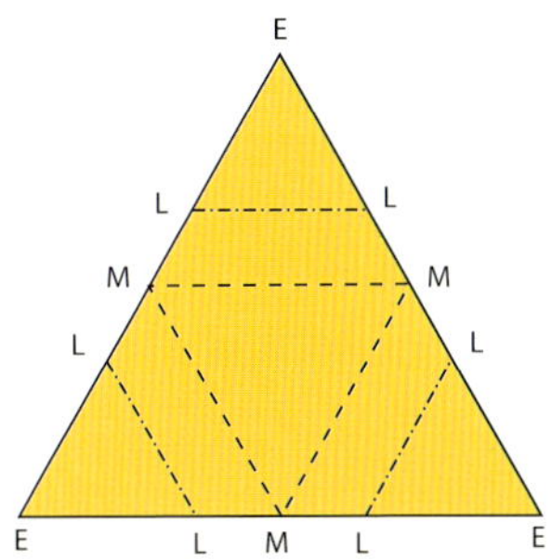

4 Jetzt faltest du nochmals die Arbeitsschritte 1 und 2.

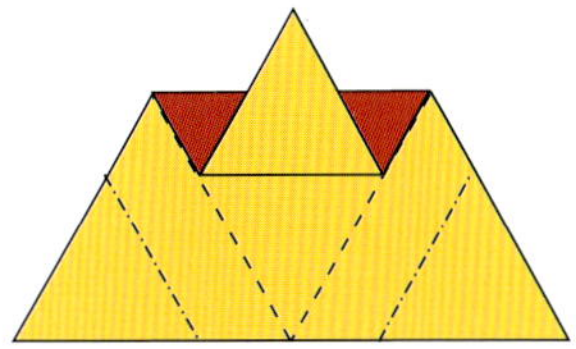

5 Dasselbe machst du mit der linken Ecke.

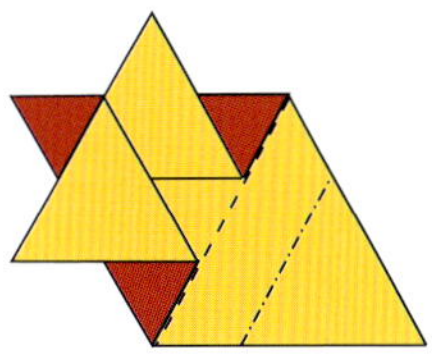

6 Wenn du die rechte Ecke nach innen faltest, hält der Stern noch nicht zusammen. Du musst die Faltung von Schritt 2 unten ein wenig anheben, dann kannst du die Hälfte der rechten nach innen gefalteten Ecke darunter schieben. Jetzt hält der Stern.

Mein Tipp für dich

Als Umschlag Der Taschenstern eignet sich als Umschlag für kleine Geschenke wie Briefchen oder Gutscheine.

Skandinavisch angehaucht

sechszackiger Faltstern mit Rentiermuster

1 Lege die Schablone auf das Papier und zeichne den Umriss mit Bleistift nach. Schneide das Teil aus und lege es so, dass das Rentiermuster oben ist. Falte das Teil an den gestrichelten Linien. Papier lässt sich sehr exakt falten, wenn du die Faltlinien vorher mit Lineal und einem leer geschriebenen Kugelschreiber kräftig nachziehst. Drehe das Teil um.

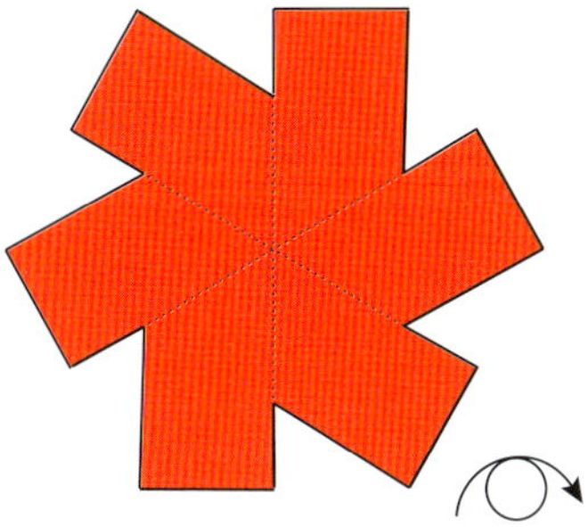

2 Falte die langgestrichelten Linien, die zu den Sternspitzen führen.

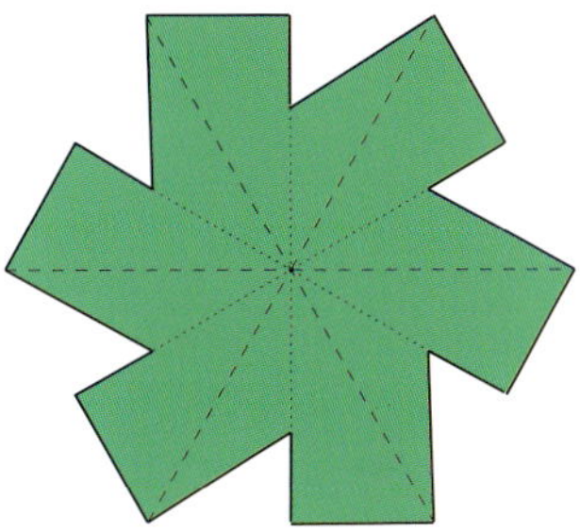

3 Nun werden die Klebedreiecke nach innen gefaltet.

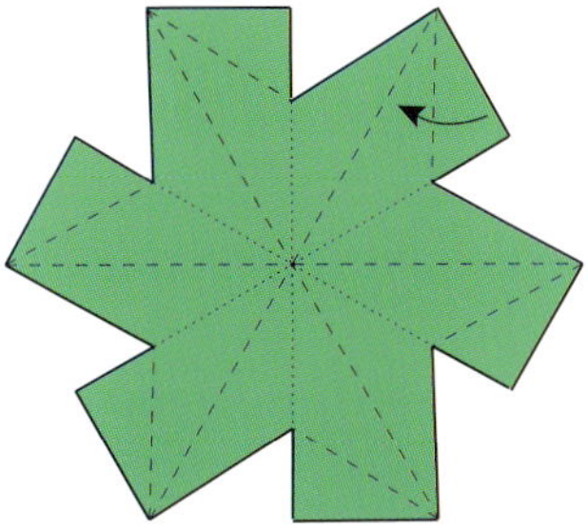

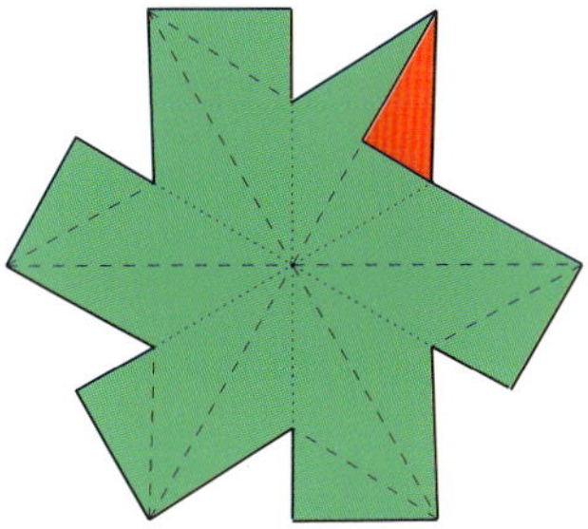

DURCHMESSER
ca. 20 cm

MATERIAL
* Papier oder Karton mit Rentiermuster, 2 x 22 cm x 22 cm

VORLAGE
Seite 60

4 Jetzt sind sämtliche Klebedreiecke nach innen gefaltet. Das zweite Sternteil ebenso falten. Bei beiden Sternteilen die Klebedreiecke mit Klebstoff bestreichen (weiße Linien). Bevor du die beiden Sternteile aufeinanderlegst und andrückst, legst du noch den Aufhängefaden ein und klebst auch diesen mit fest.

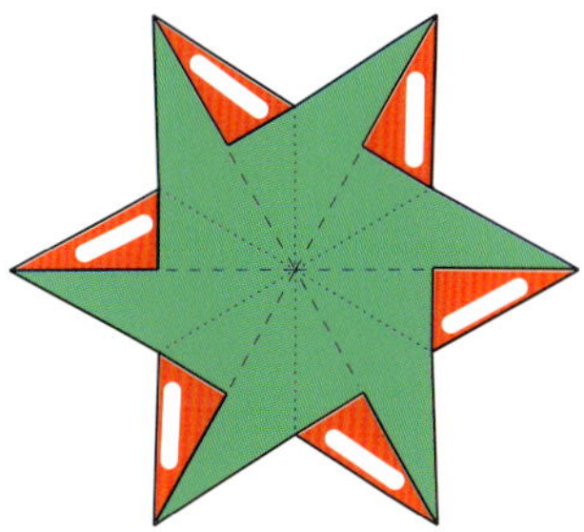

Blaue Stunde

vierzackige Faltsterne in Blautönen

1 Falte das Papier an der gestrichelten Linie von einer Ecke zur anderen und öffne es wieder. Dann faltest du die beiden anderen Ecken aufeinander und öffnest das Papier erneut. Wende das Papier.

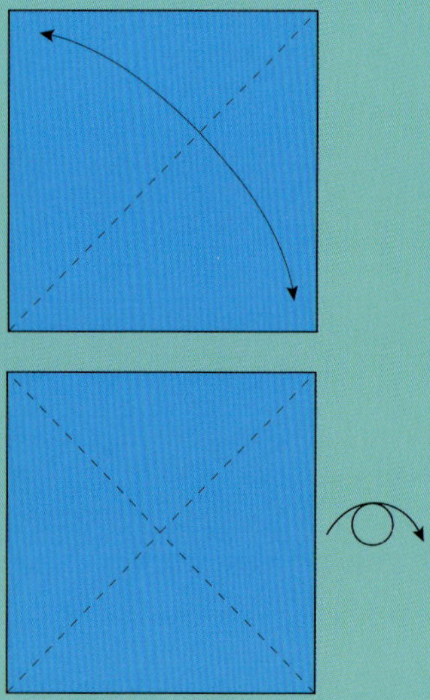

2 Nun faltest du das Papier auf die Hälfte und öffnest es wieder. Von der anderen Seite ebenfalls auf die Hälfte falten.

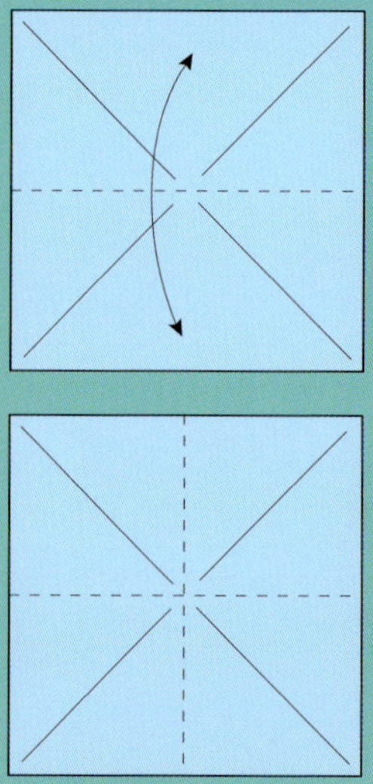

DURCHMESSER
ca. 14 cm

MATERIAL
* Faltblatt in Blau-Weiß, 15 cm x 15 cm

3 Falte eine Ecke zur Mitte.

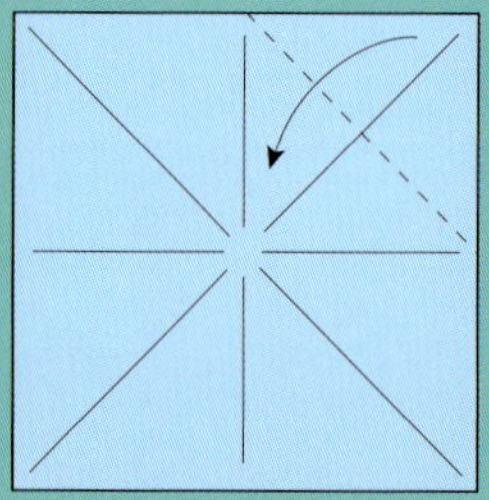

4 Jetzt wird die Spitze dieses Dreiecks wieder nach außen gefaltet, und zwar genau bis zum Rand.

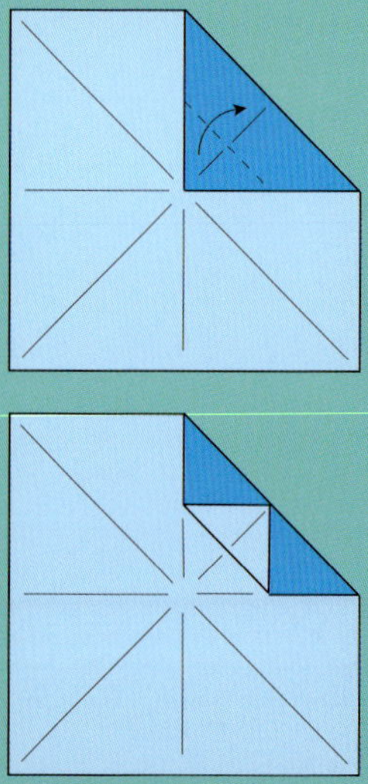

5 Die anderen drei Ecken ebenso falten. Wenn du jetzt die vier Seiten an den Pfeilen nach innen drückst, wird aus dem flachen Ornament ein Stern (z. B. die beiden Sterne unten im Bild).

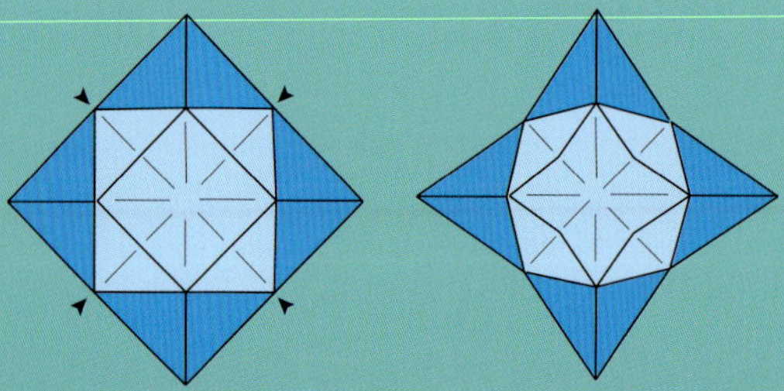

6 Es gibt noch viele Möglichkeiten, den Stern ab Schritt 5 weiter zu falten. Hier siehst du drei weitere Varianten – Variante 1 befindet sich im Bild oben links, Variante 2 links in der Mitte und Variante 3 ist der kleine Stern in Lila oben rechts. Vielleicht findest du ja noch weitere, probiere es einfach aus!

Variante 1

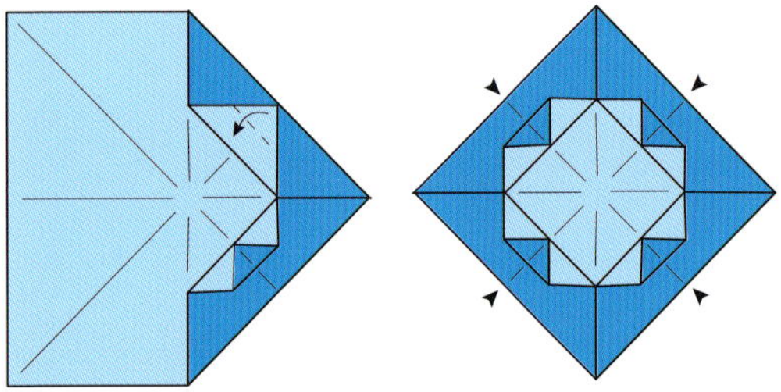

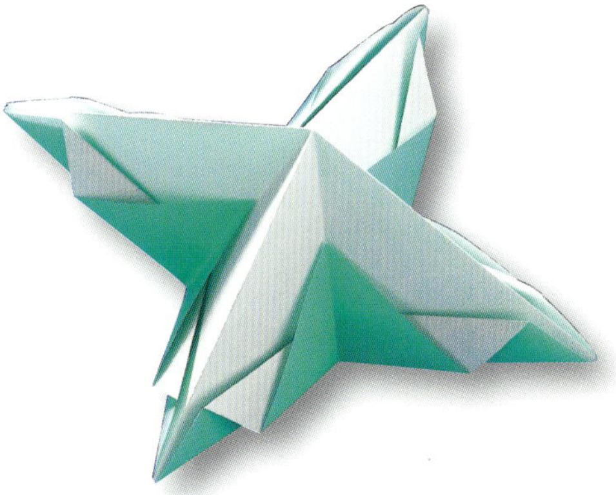

Variante 2

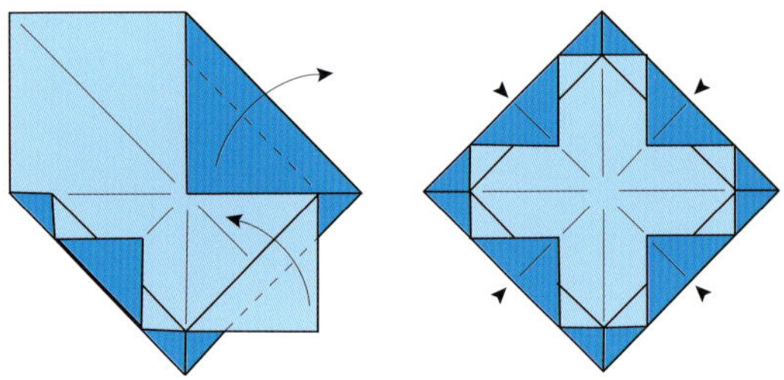

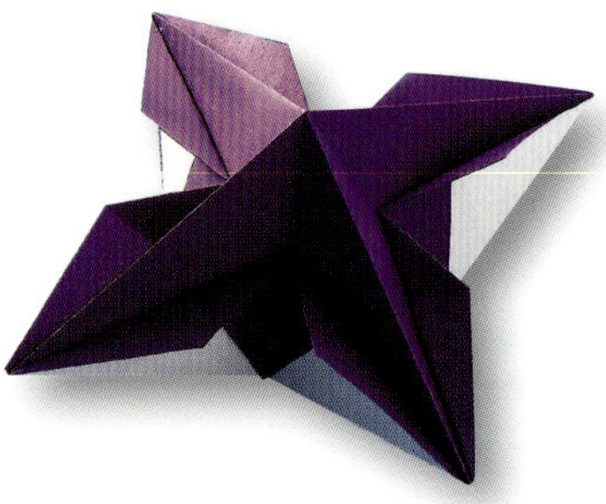

Variante 3

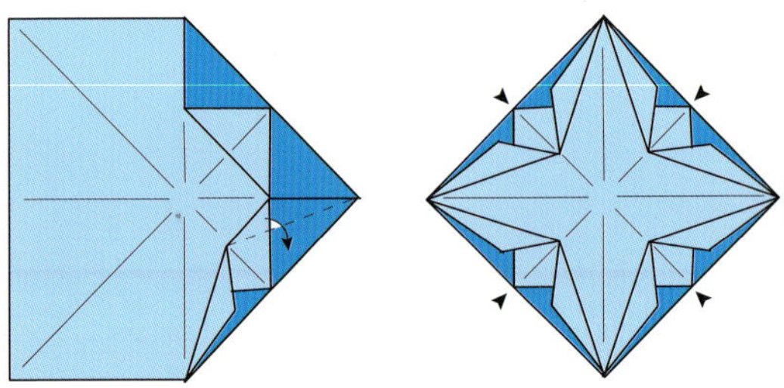

Edel und winterlich

Anleitung Seite 36/37

Edel und winterlich

Kreuzsterne in Blau und Silber

DURCHMESSER
ca. 21 cm

MATERIAL
* 2 Faltblätter in Blau-Silber, 15 cm x 15 cm

1 Falte das Papier in der Mitte und öffne es wieder. Dann drehst du das Papier um 90°, faltest es abermals in der Mitte und öffnest es wieder.

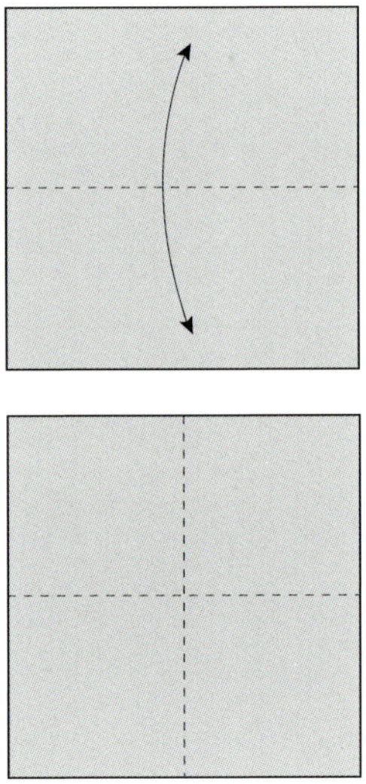

2 Falte eine Ecke an der gestrichelten Linie auf die gegenüberliegende Ecke und öffne das Papier wieder. Die beiden anderen Ecken werden ebenfalls aufeinandergefaltet und wieder geöffnet.

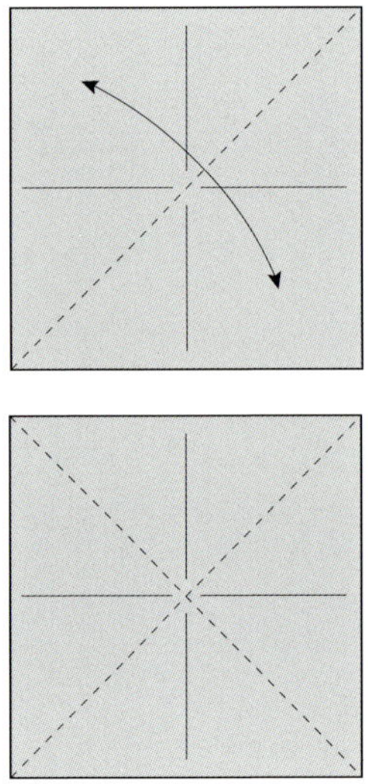

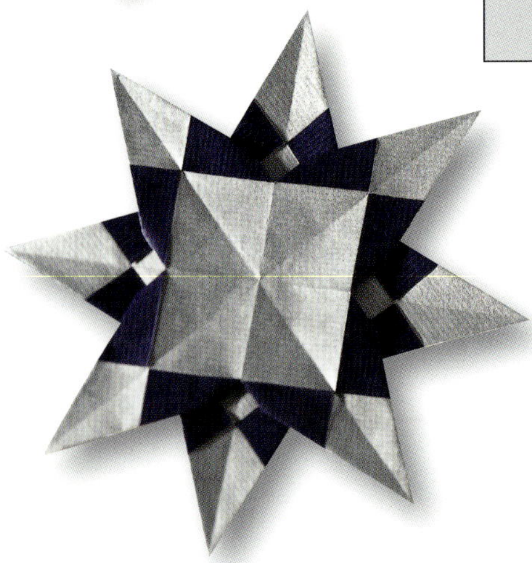

3 Falte den unteren Papierrand an der gestrichelten Linie zur Papiermitte und wieder nach außen. Auch die drei anderen Papierränder werden zur Mitte und wieder nach außen gefaltet.

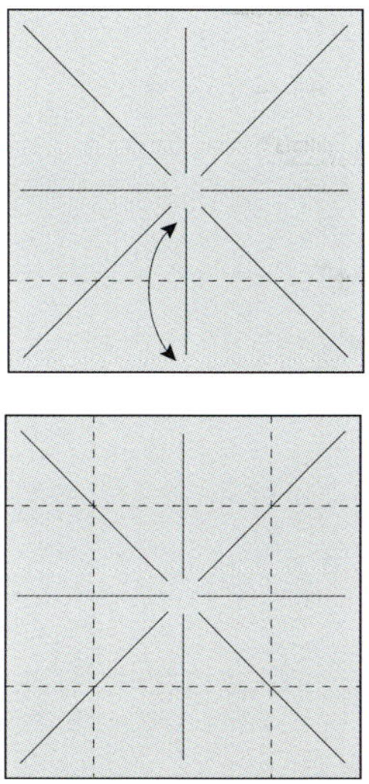

4 Schneide die Papierränder rundum an den roten Linien bis zur jeweiligen Faltlinie ein.

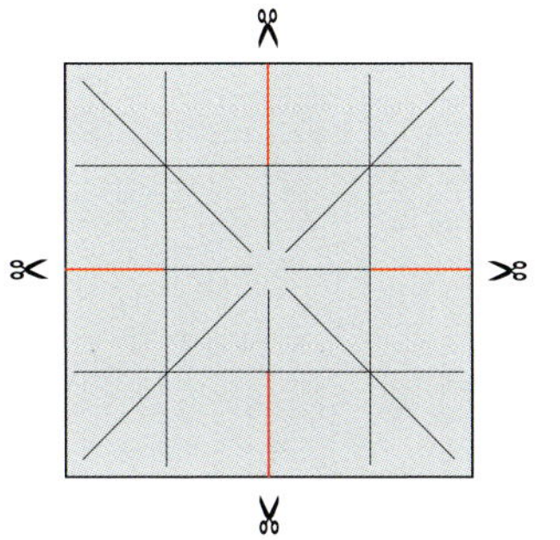

5 Direkt neben einem Einschnitt faltest du das Papier an der gestrichelten Linie. Wenn du das rundum machst, entsteht ein Kreuz.

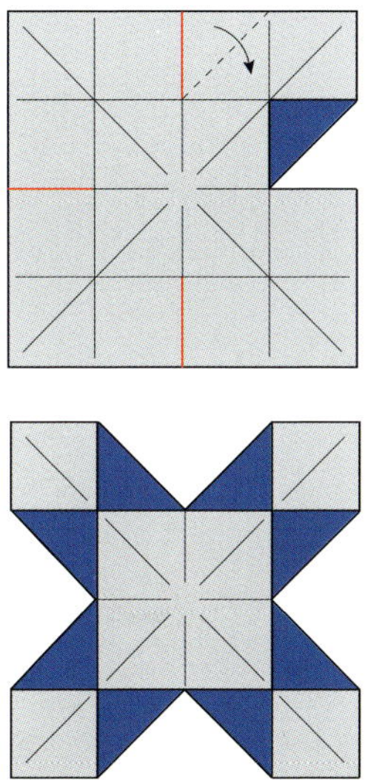

6 Damit die Enden des Kreuzes spitzer werden, musst du sie nochmals an der gestrichelten Linie falten. Wenn du hier die Faltung nach hinten statt nach vorne machst, dann sieht der Stern anders aus (siehe unterste Zeichnung).

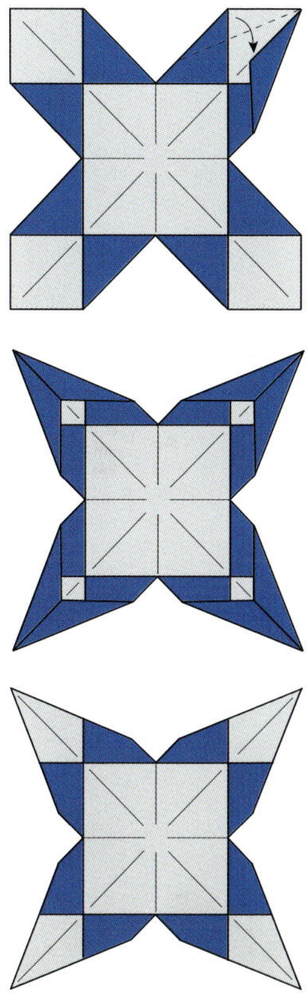

7 Arbeite auf die gleiche Art und Weise einen zweiten Stern und klebe die beiden versetzt aufeinander.

Windradsterne

nostalgisch

DURCHMESSER
ca. 14 cm

MATERIAL
* Faltblatt in Blau-Orange, 15 cm x 15 cm

VORLAGE
Seite 58 + 59

1 Eine große Schablone (die Variante mit den längeren Einschnitten) anfertigen und vom Rand her jeweils sechsmal einschneiden. Lege dann die Schablone auf das Papier und ziehe den Umriss mit Bleistift nach. Schneide den Kreis aus. Lege die Schablone auf den Kreis und schneide durch die Schablone die roten Linien in den Kreis.

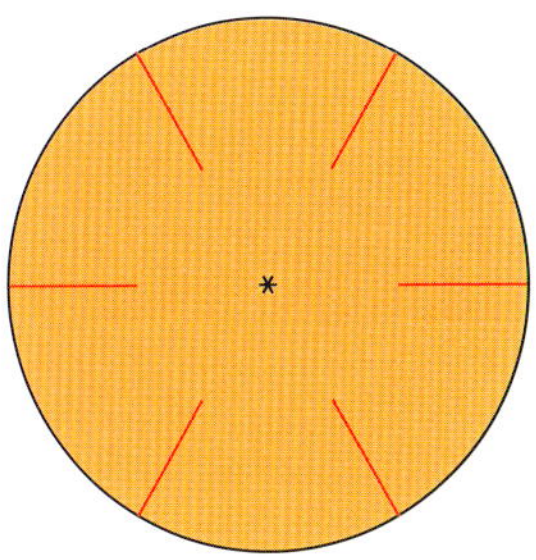

2 Nun werden die sechs Windradflügel an den gestrichelten Linien nach innen geklappt.

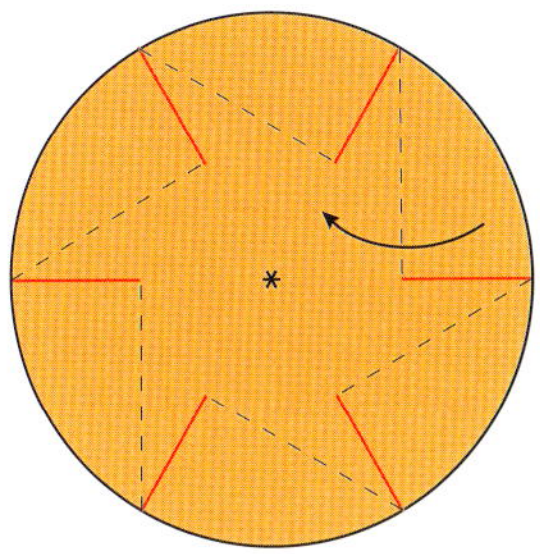

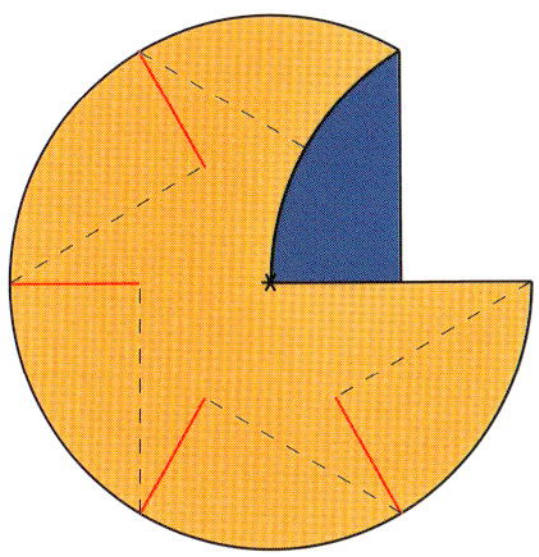

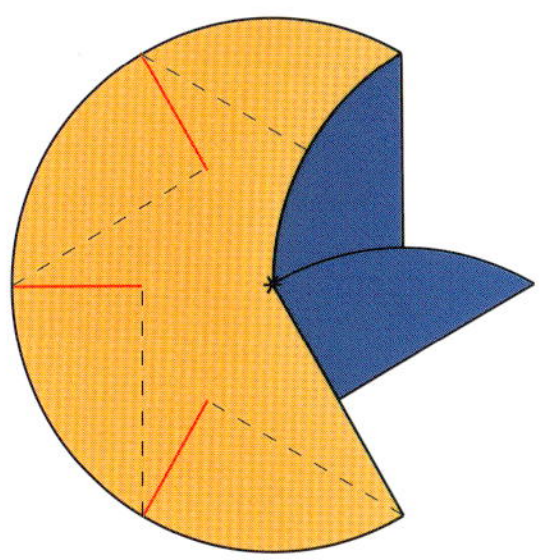

3 So sieht ein einfacher, fertiger Windradstern aus (siehe z. B. im Bild oben rechts). Damit die Flügel nicht aufklappen, werden sie mit etwas Klebstoff angeklebt.

4 Du kannst auch eine andere Variante arbeiten, bei der die Einschnitte nur halb so lang sind; dadurch bleibt die Innenfläche frei. Gefaltet wird sie aber auf die gleiche Art und Weise. Wenn du willst, kannst du hier zusätzlich noch einen kleinen Windradstern (mit ø 6 cm, Vorlage in beiden Varianten) einkleben (siehe z. B. im Bild Mitte links).

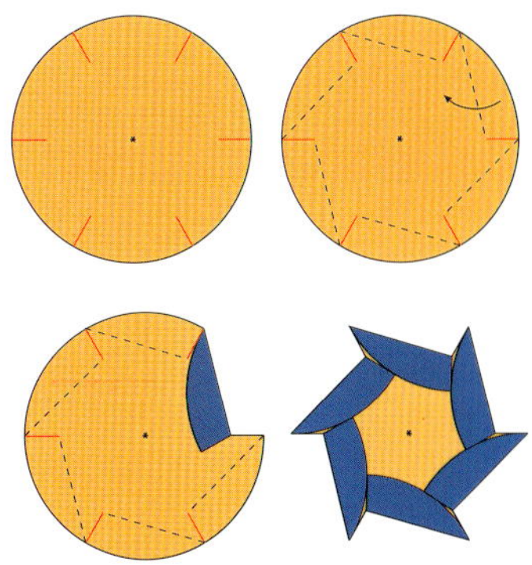

Einfach gefaltet

bunte Fächersterne

1 Mache mit Bleistift und Lineal am Papierrand auf zwei gegenüberliegenden Seiten kurze Striche, die jeweils 2 cm Abstand zueinander haben sollen.

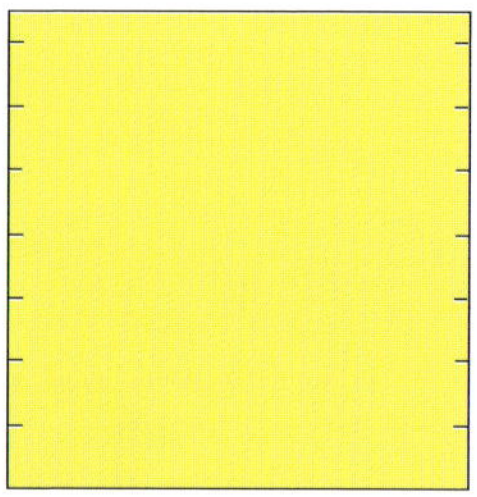

2 Verbinde die Bleistiftstriche, indem du die Linien mit einem leer geschriebenen Kugelschreiber kräftig nachziehst. Es bleibt ein 1 cm breiter Streifen übrig, der mit der Schere abgeschnitten wird.

3 Falte das Papier an den angeritzten Linien ziehharmonikaartig auf.

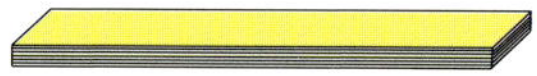

4 Messe die Mitte aus und ziehe die gestrichelte Mittellinie mit dem leer geschriebenen Kugelschreiber nach. Jetzt kannst du die beiden Seiten wie einen Fächer nach oben hin in Pfeilrichtung entfalten. Damit die beiden Fächerhälften als Halbkreis halten, musst du Klebstoff auftragen (rote Linien).

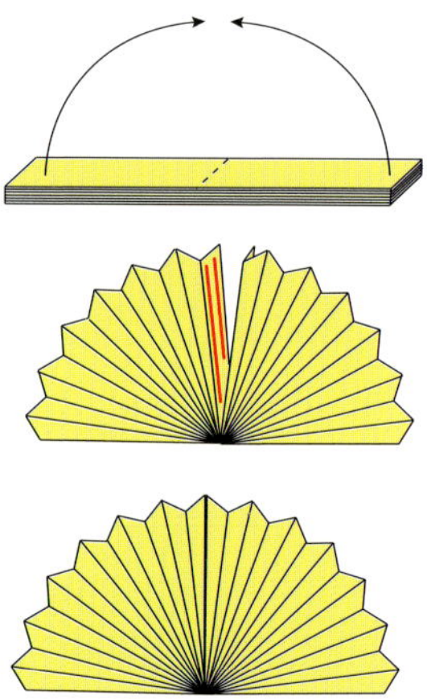

DURCHMESSER
ca. 15 cm

MATERIAL
* 2 zweifarbige Faltblätter, 15 cm x 15 cm

5 Fertige noch so einen Fächerhalbkreis an und klebe die beiden Fächerhalbkreise zu einem Fächerstern zusammen.

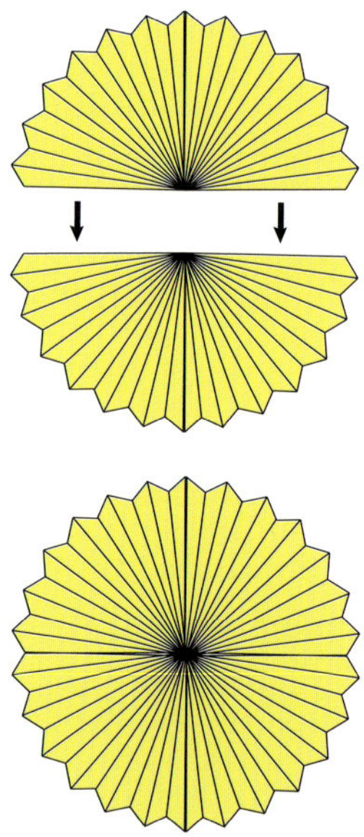

Prächtig

großer Tütenstern

DURCHMESSER
ca. 42 cm

MATERIAL
* 17 Faltblätter in Rot mit Sternchenmuster, 15 cm x 15 cm
* Zirkel

1 Falte ein Papierquadrat an der gestrichelten Linie und klappe es wieder auf.

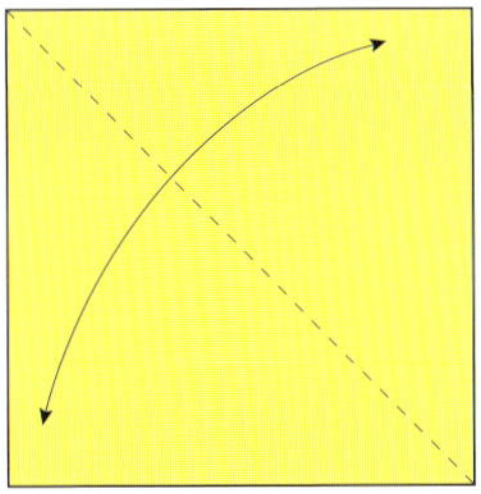

2 Nun faltest du die rechte Ecke an der gestrichelten Linie zur Mitte.

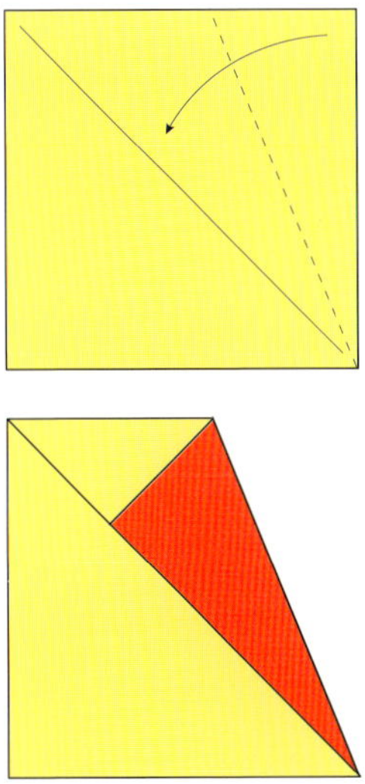

3 Die linke Ecke ebenfalls auf die gleiche Art nach innen falten, sodass eine Drachenform entsteht. Trage auf den rechten Faltabschnitt Klebstoff auf (weiße Linien) und klebe den linken Faltabschnitt darauf. Dies ist die erste Tüte. Falte so noch weitere fünfzehn Tüten.

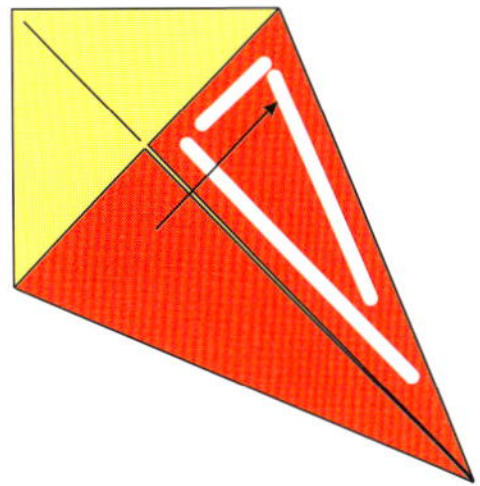

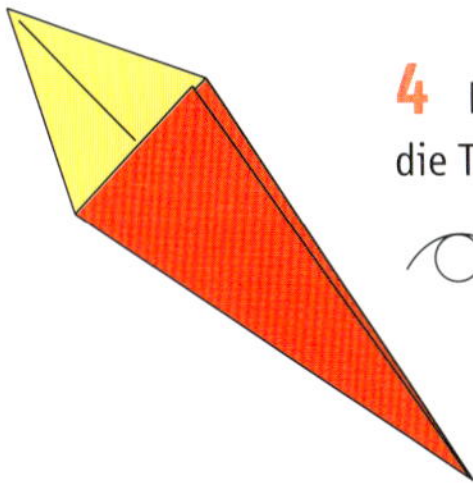

4 Drehe die Tüten um.

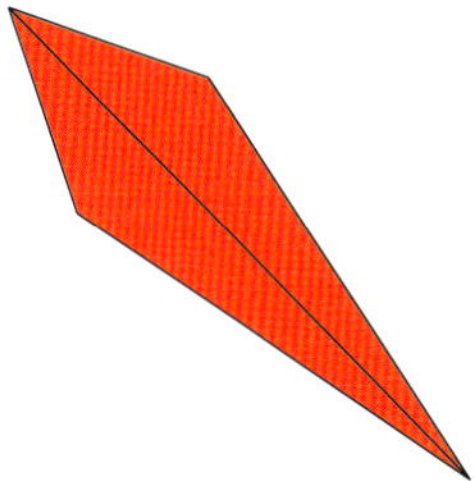

5 Zeichne mit dem Zirkel auf das letzte Faltblatt einen Kreis mit einem Radius von 7 cm auf und schneide ihn aus. Klebe die erste Tüte so auf den Papierkreis, dass die schmale Spitze am Mittelpunkt des Kreises, d. h. an der Einstichstelle des Zirkels, liegt.

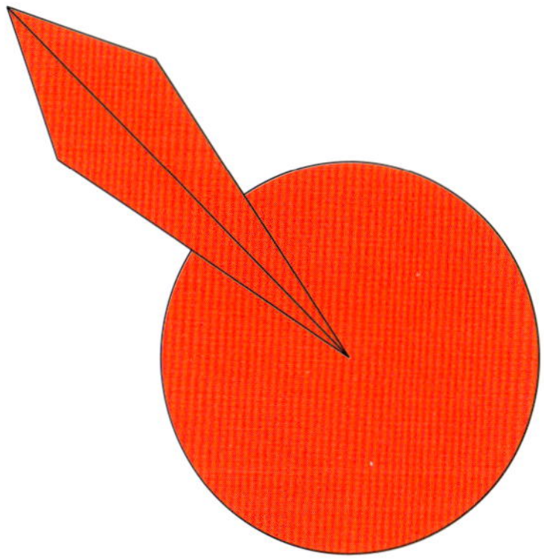

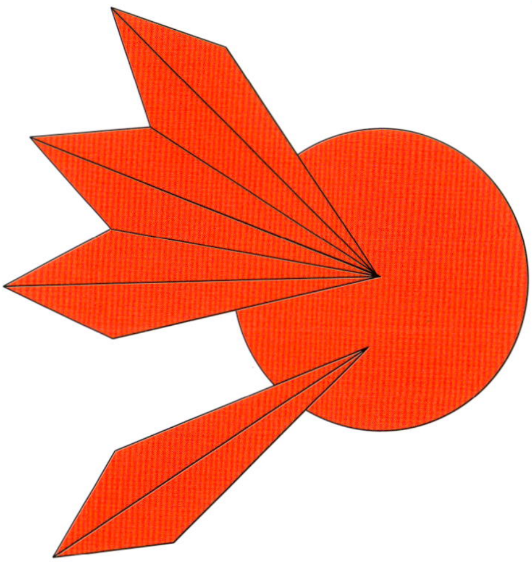

6 Klebe die restlichen fünfzehn Papiertüten so auf den Papierkreis, dass eine Sternrosette entsteht.

Weihnachtssterne

schön wie echte Blüten

DURCHMESSER
ca. 20 cm

MATERIAL
* je 5 Faltblätter in Rot und Grün, 10 cm x 10 cm
* 5 Holzperlen in Gelb, ø 8 mm

1 Falte zwei gegenüberliegende Ecken aufeinander und öffne das Papier wieder. Drehe das Papier um.

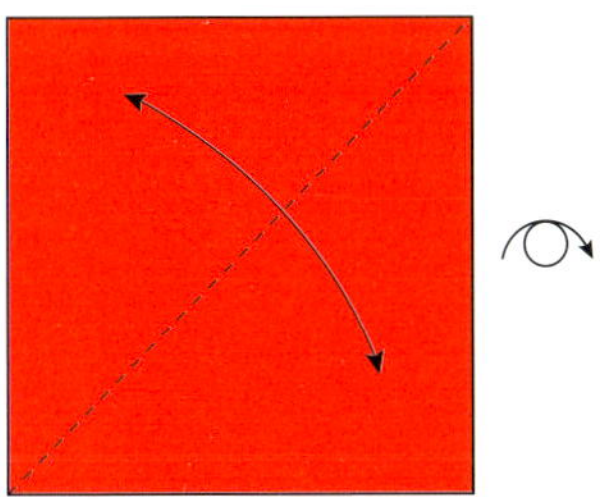

2 Falte eine Ecke an der gestrichelten Linie zur Mitte und wiederhole dasselbe auf der anderen Seite. Das Papier sieht jetzt aus wie ein Drachen.

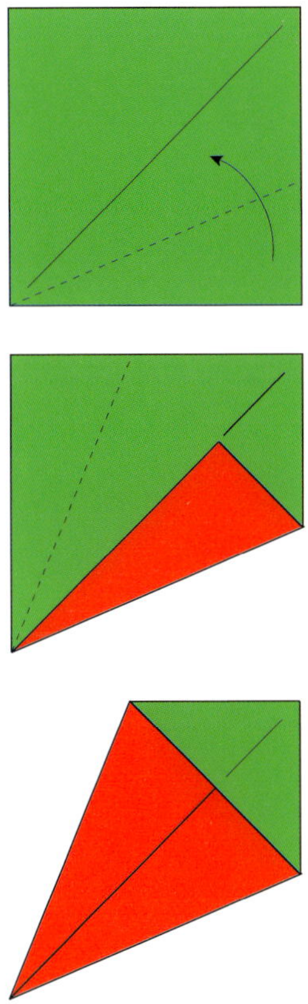

3 Falte die untere Drachenhälfte an der gestrichelten Linie nach hinten.

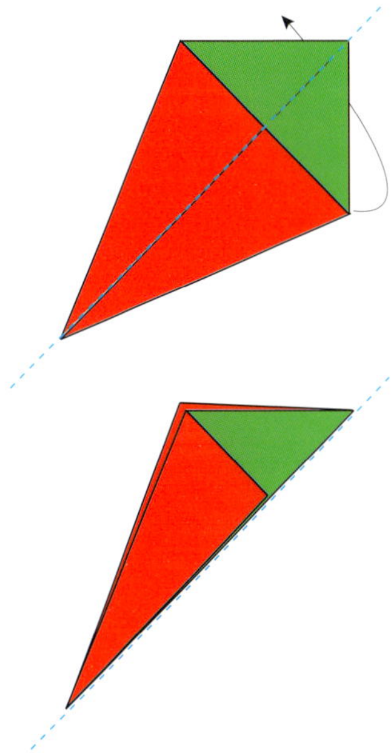

4 Von dem jetzt halben Drachen faltest du die Spitze an der gestrichelten Linie nach links und wieder zurück.

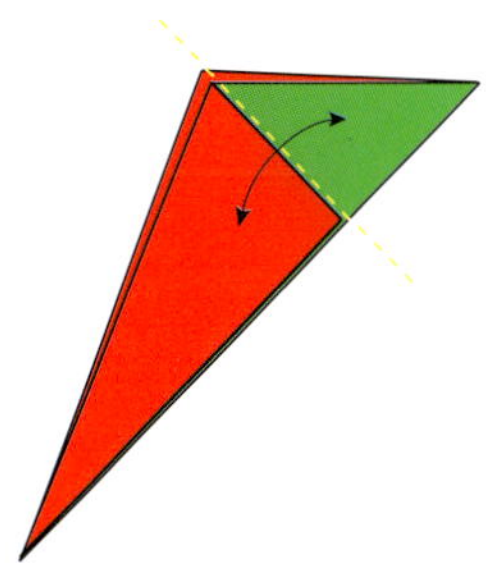

5 Nun wird das rote Dreieck nach oben geklappt.

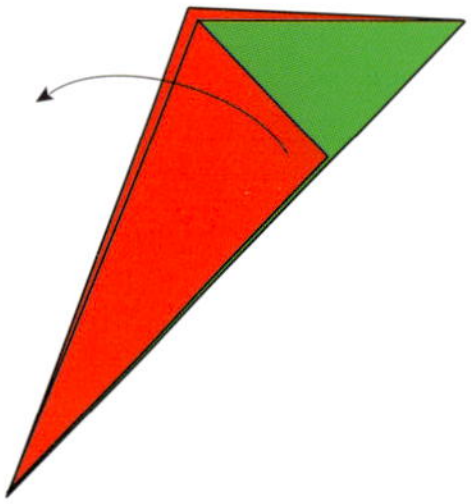

6 Trage etwas Klebstoff auf (weiße Linien) und klappe dann die Drachenspitze nach links (wie bei Schritt 4).

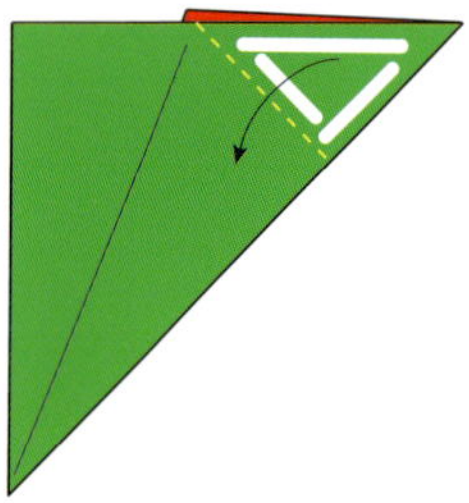

7 Jetzt klappst du das linke Dreieck nach rechts.

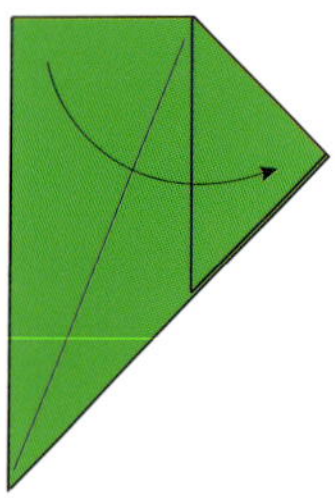

8 Das rote Dreieck hat drei unterschiedlich lange Seiten. Wenn du auf die kurze Seite drückst (dicker Pfeil), dann öffnet sich die lange Seite.

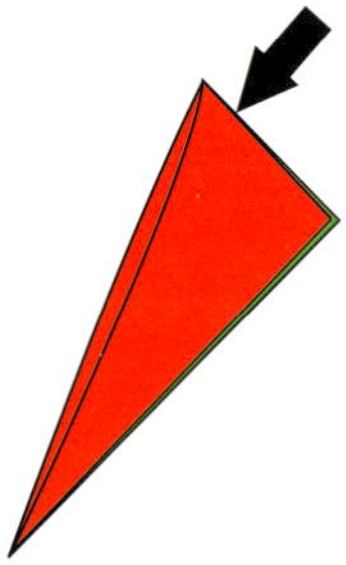

9 Stecke den linken Zeigefinger in diesen Spalt und drücke mit dem rechten Zeigefinger so auf die kurze Seite, dass das Ganze flach gedrückt wird und wieder wie ein Drachen aussieht.

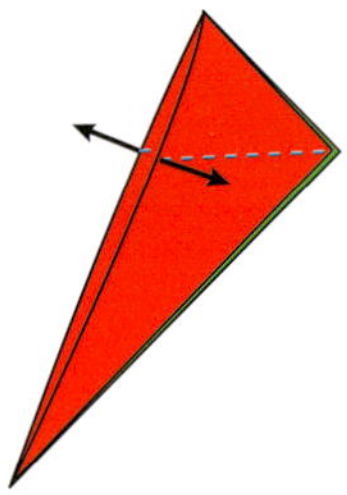

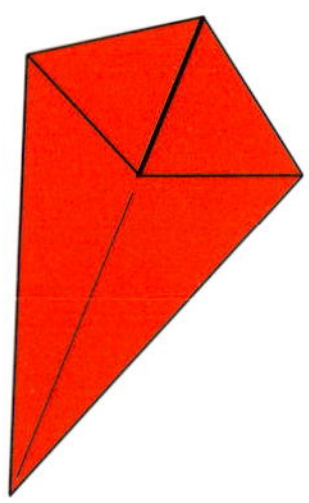

10 Wenn du jetzt die (obere) Drachenspitze zurückklappst, ist ein Sternzacken fertig. Fertige fünf rote und fünf grüne Zacken. Klebe die fünf roten Sternzacken zusammen, indem du auf ein Dreieck am stumpfen Ende des Zackens Klebstoff aufträgst (weiße Linien).

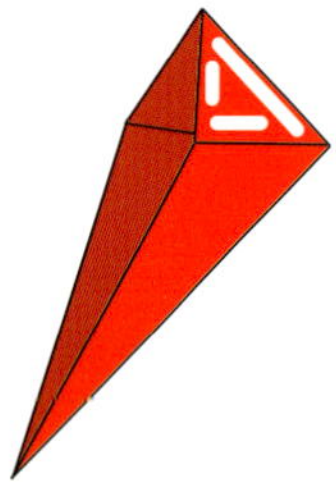

11 Klebe zwischen die roten Zacken im Anschluss jeweils einen grünen Zacken. Als Staubgefäße klebst du in jeden roten Zacken noch eine Holzperle.

Sternen-zauber im Farb-verlauf

Anleitung Seite 48

Sternenzauber im Farbverlauf

fünfzackiger Stern mit Orange-Rot-Verlauf

DURCHMESSER
ca. 28 cm

MATERIAL
* 5 Faltblätter Regenbogenpapier, 15 cm x 15 cm (für einen großen Stern) bzw. 10 cm x 10 cm (für den kleinen Stern)

Diese Sterne werden ebenso wie die Weihnachtssterne von Seite 44 gearbeitet, allerdings nur wie die ersten fünf Zacken.

Mein Tipp für dich

Zweiseitig Diese Sterne sehen sowohl auf der Vorder- als auch auf der Rückseite sehr schön aus.

Eisblumen

zehnzackige Sterne

DURCHMESSER
ca. 32 cm

MATERIAL
* 10 Faltblätter in Weiß mit Flecken in Silber, 15 cm x 15 cm

Diese Sterne werden ebenso wie die Weihnachtssterne von Seite 44 gearbeitet, nur eben diesmal mit zehn Zacken. Durch die Farbigkeit des Papiers wirkt der Stern jetzt wie eine große Eisblume am Fenster.

Materialien und Werkzeuge

PAPIERE UND ALU-BASTELFOLIEN
Für die Sterne brauchst du Ton- und Fotokarton (einfarbig oder mit aufgedruckten Weihnachtsmotiven), Faltpapiere (mit Weihnachts- und Wintermotiven), Alu-Bastelfolie oder Transparentpapier.

Hinweis: Die Materialangaben in den Materiallisten gelten jeweils für einen gebastelten Stern.

TRANSPARENTPAPIER, DÜNNEN KARTON, BLEISTIFT und eine SCHERE brauchst du, um Schablonen anzufertigen.

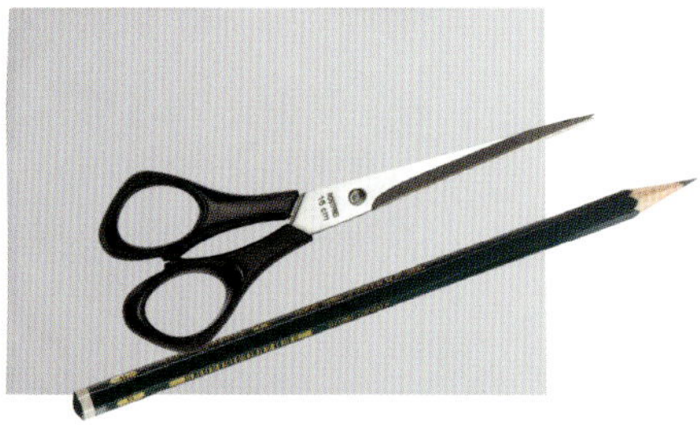

Als AUFHÄNGEFADEN eignet sich entweder Nylonfaden mit ø 0,2 mm oder Häkelgarn. Nylonfaden ist transparent und deshalb fast unsichtbar. Er lässt sich aber nicht so einfach verknoten. Damit der Knoten nicht aufgeht, machst du am besten einen Klebstofftupfer auf den Knoten. Häkelgarn ist deutlich dicker und in vielen verschiedenen Farben erhältlich.

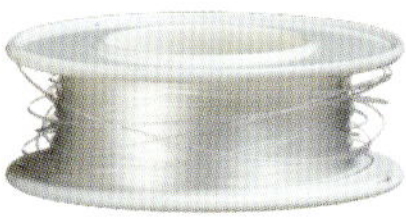

MINI-WÄSCHEKLAMMERN
Mit ihnen klammerst du geklebte Sternteile so lange zusammen, bis der Klebstoff trocken ist.

ALLESKLEBER, PAPIERKLEBER oder KLEBESTIFT braucht du, wenn geklebt wird. Achtung, wenn du einen Alleskleber ohne Lösungsmittel nimmst, dann wellt sich das Papier.

Mit einem leer geschriebenen KUGELSCHREIBER und einem LINEAL werden Faltlinien in Sterne eingedrückt, damit sie sich leicht und exakt falten lassen.

VORSTECHNADEL Mit ihr werden Löcher für die Aufhängefäden in die Sterne gestochen.

So wird's gemacht

Eine Schablone anfertigen und mit ihr arbeiten

1 Du hast zwei Möglichkeiten: Entweder du machst einfach eine Fotokopie von der Vorlage oder du paust die Vorlage mit Bleistift auf Transparentpapier ab.
Bei geraden Linien solltest du zusätzlich noch ein Lineal und bei Kreisen einen Zirkel verwenden.

2 Schneide die Fotokopie etwas zurecht und klebe sie dann auf ein Stück Karton – die Farbe ist egal. Dasselbe machst du, wenn du anstelle der Fotokopie das Motiv abgepaust hast.

3 Schneide das aufgeklebte Motiv aus – deine Schablone ist fertig.

4 Lege die Schablone auf das Papier oder den Karton, aus dem du den Stern ausschneiden willst, und zeichne den Umriss mit dem Bleistift nach. Meistens werden die Sternteile mehrfach benötigt. Du zeichnest dann einfach mit der Schablone mehrere Sternteile nebeneinander.

5 Schneide das Sternteil aus.

Papier bemalen

Ganz individuell werden deine Sterne, wenn du deine Faltpapiere selbst bemalst. Dazu kannst du Bunt- oder Filzstifte verwenden. Wenn du das Papier vor dem Falten bemalst, wähle am besten ein gleichmäßiges, nicht zu großes Muster. Du kannst aber auch die fertig gefalteten Sterne bemalen, z. B. nur die Zackenspitzen oder die Innenflächen.

Sterne verzieren

Wenn du den fertigen Sternen noch zusätzlichen Glanz verleihen möchtest, kannst du sie toll mit Glitter-linern bemalen. Hübsch sieht es auch aus, wenn du Perlen oder Strasssteine oder andere glitzernde Accessoires aufklebst.

Mit Sternen dekorieren

Die fertigen Sterne kannst du z. B. an ein Geschenk hängen. Oder du hängst mehrere untereinander an einem Glitzerfaden auf. Wenn du viele nebeneinander an eine straff gespannte Schnur hängst, hast du eine tolle Sternengirlande.

Mein Tipp für dich

Faltlinien eindrücken Damit sich die Kartonsternteile exakt falten lassen, gibt es einen Trick. Du benötigst dazu ein Lineal oder Geo®-Dreieck und einen leer geschriebenen Kugelschreiber. Lege das Lineal genau an die Linie, die gefaltet werden soll. Dann hältst du mit der linken Hand das Lineal fest und ziehst mit der anderen Hand mit dem Kugelschreiber die Linie kräftig nach. Diese Linie drückt sich in den Karton ein und der Karton lässt sich hier entlang dieser Linie leicht und genau falten.

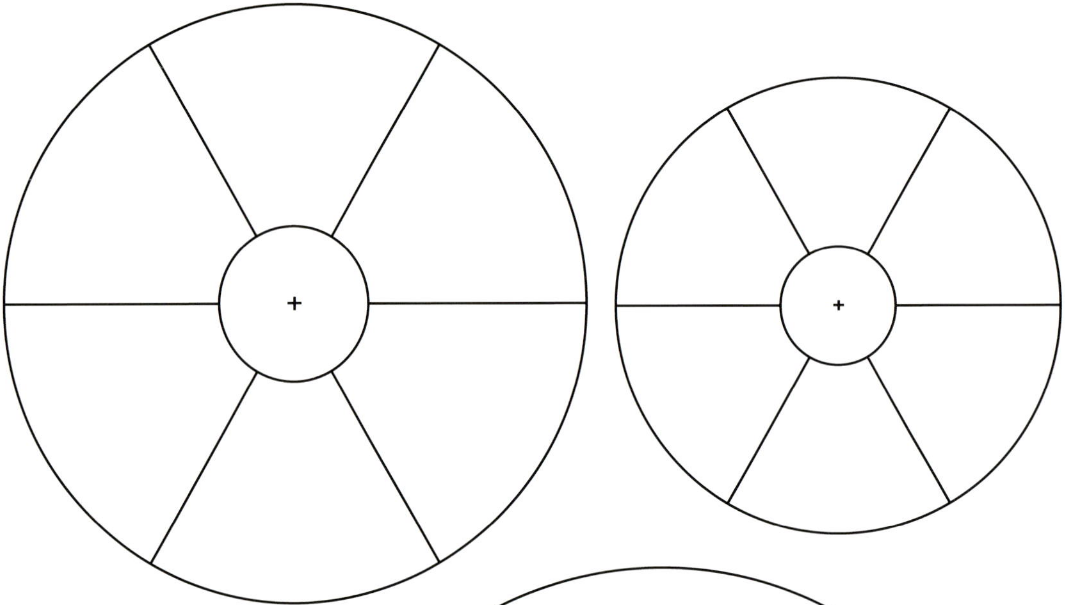

Einfach, aber wirkungsvoll

SEITE 24

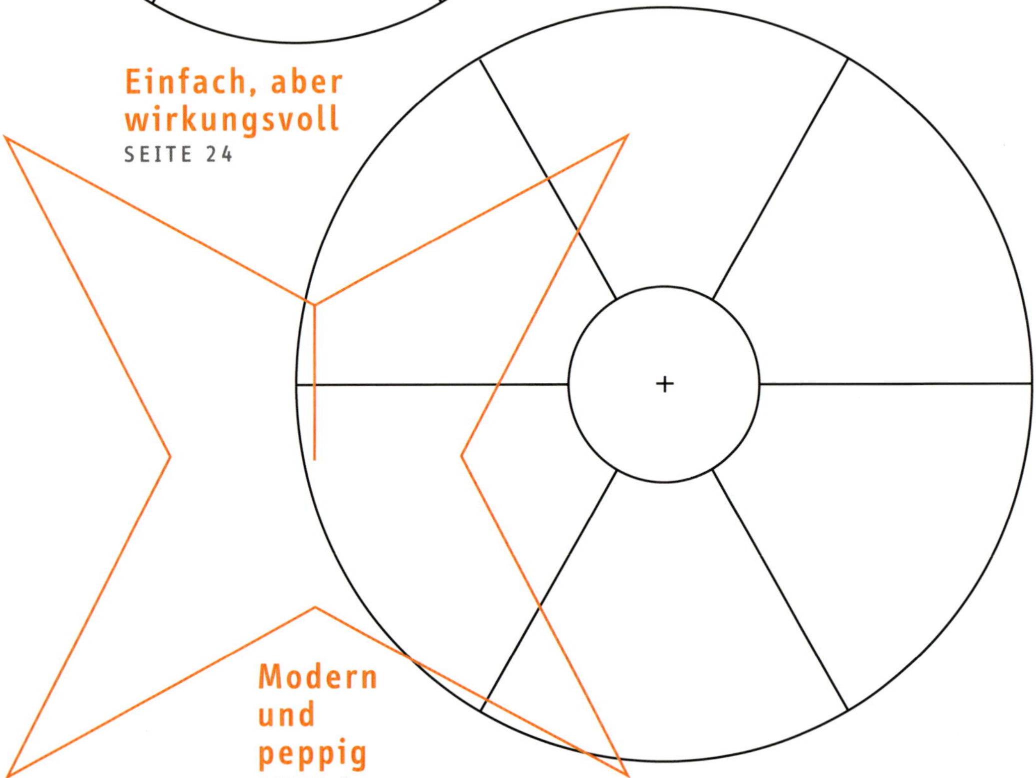

Modern und peppig

SEITE 6

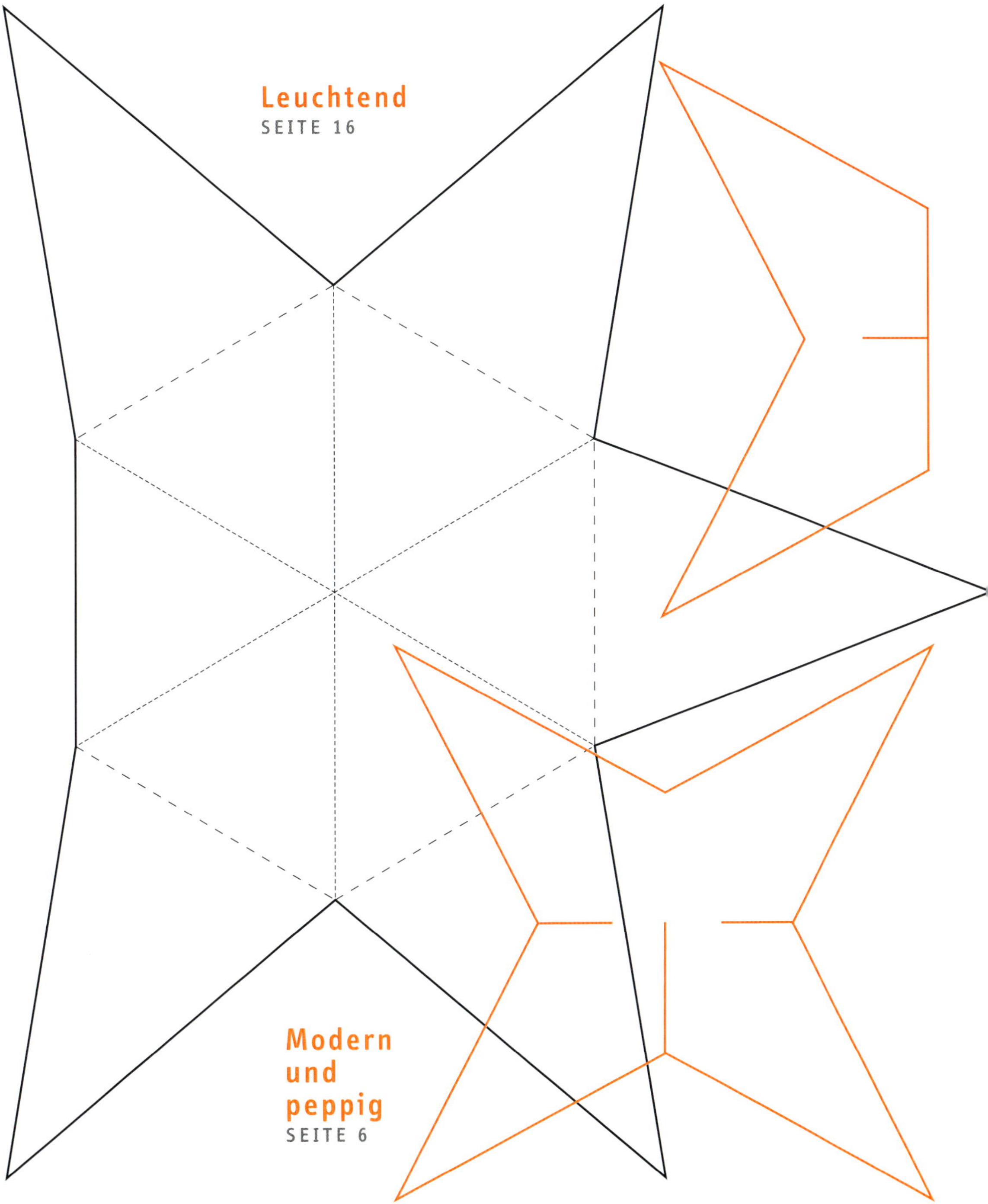
Leuchtend
SEITE 16
Modern und peppig
SEITE 6

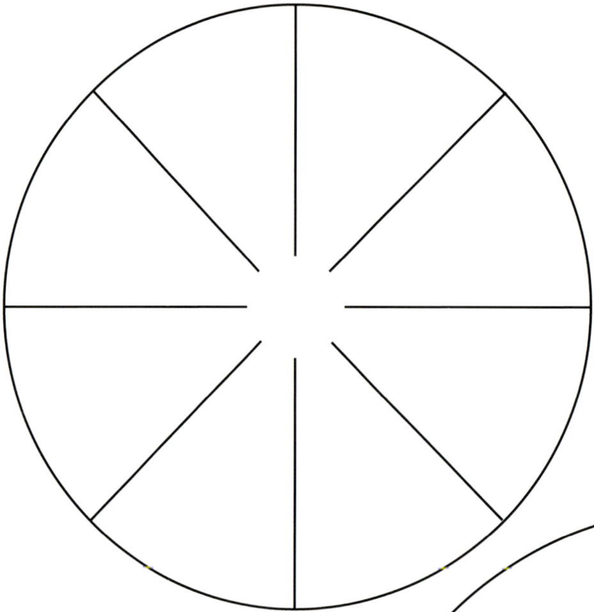

Strahlenglanz

SEITE 8

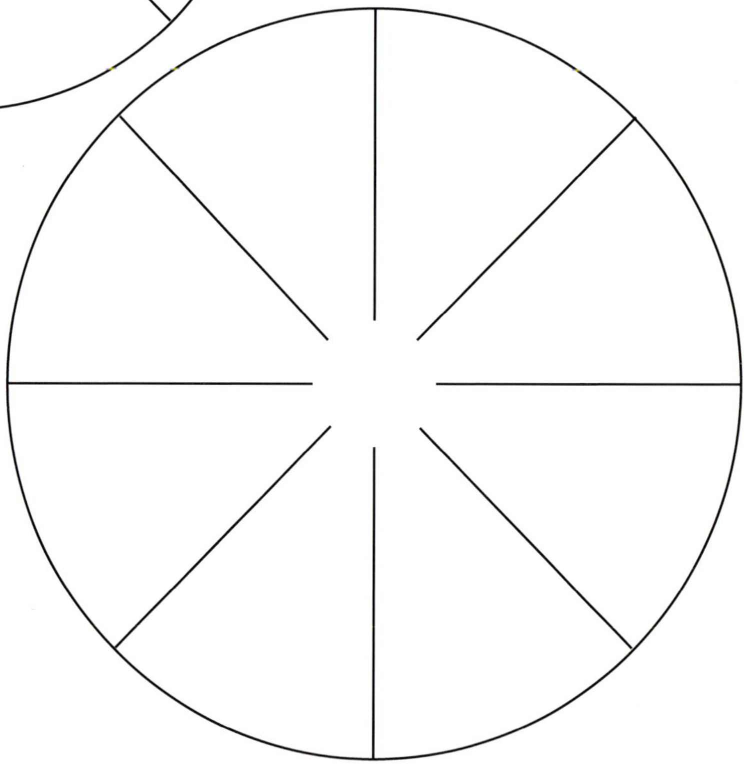

Zarte Schönheiten

SEITE 12

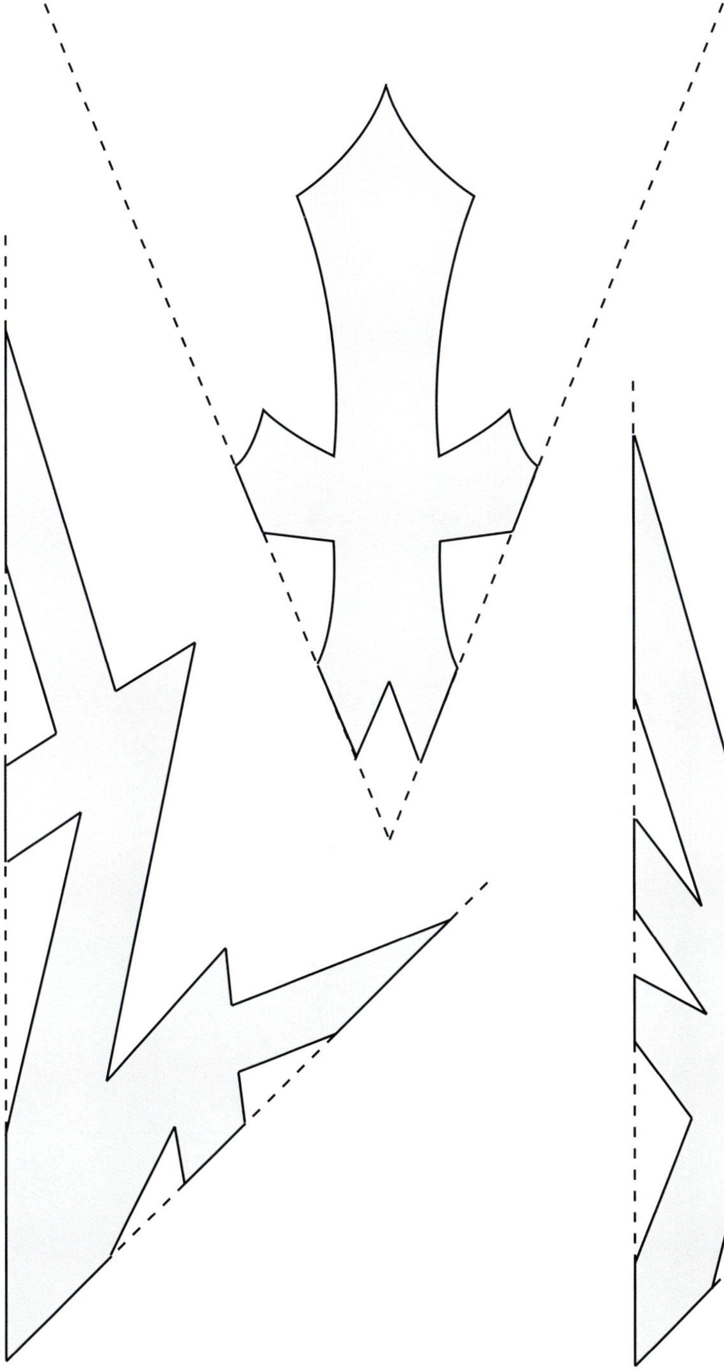

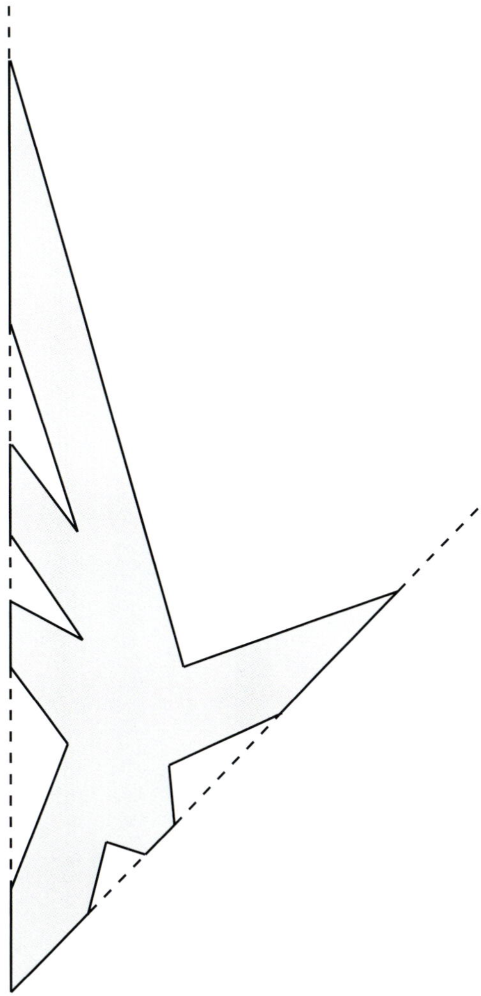

Windrad-sterne

SEITE 38

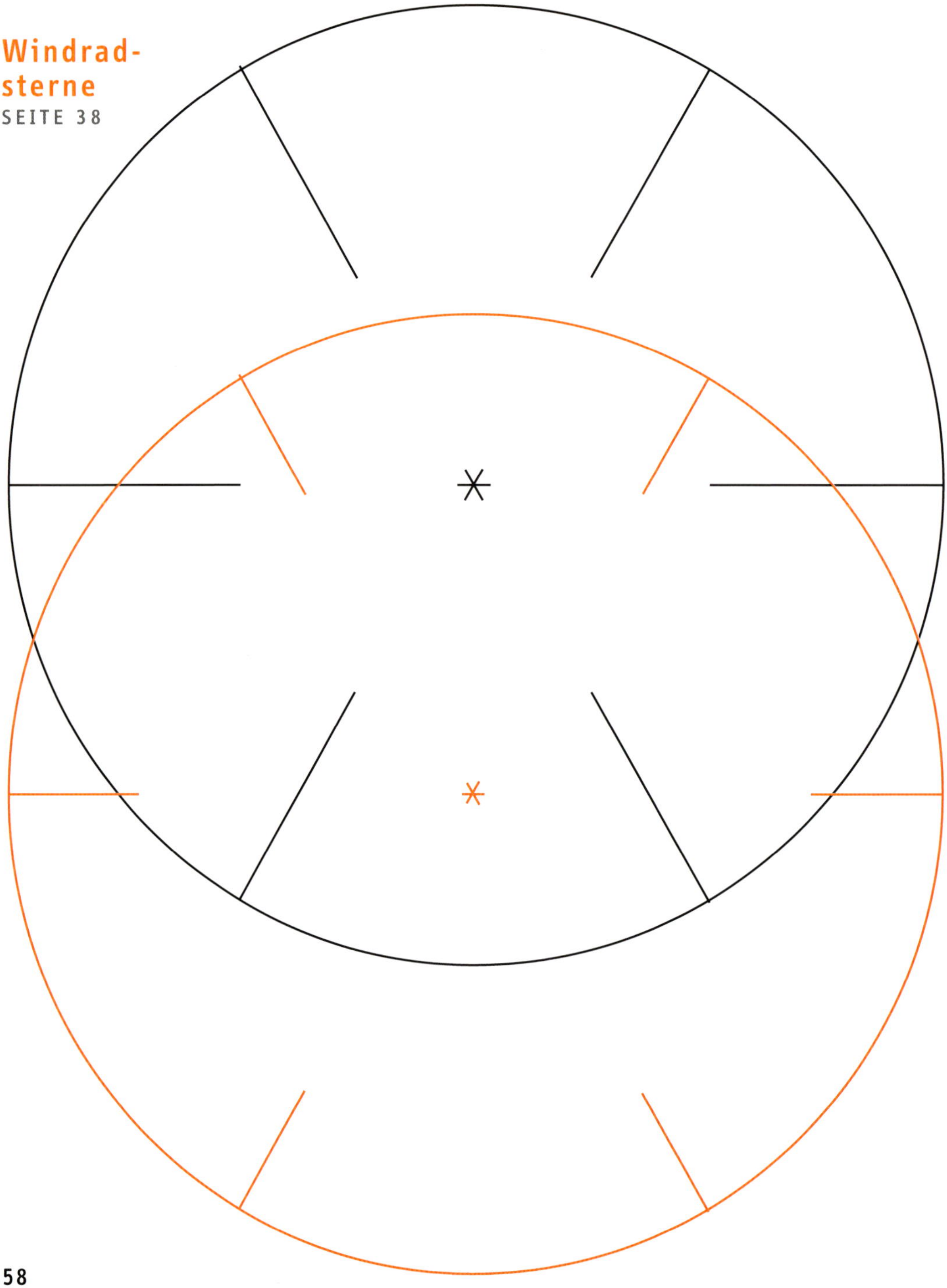

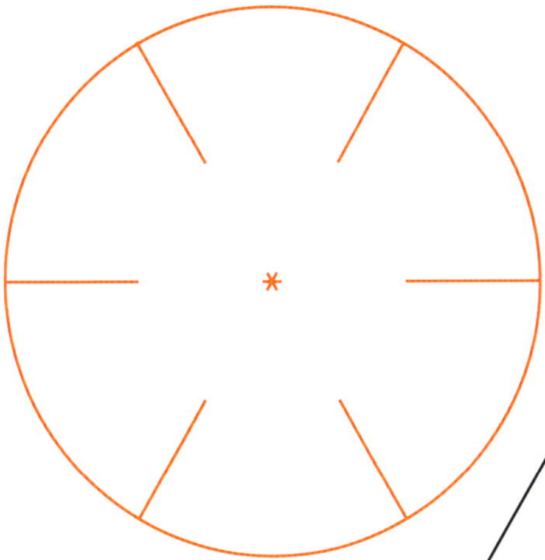

Windrad-sterne

SEITE 38

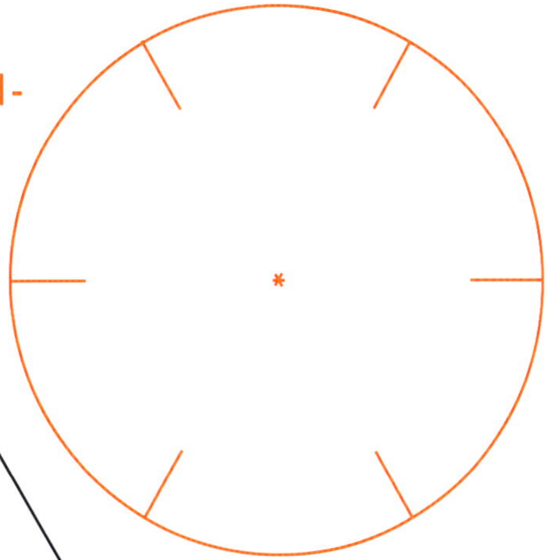

Festlich gefaltet

SEITE 28

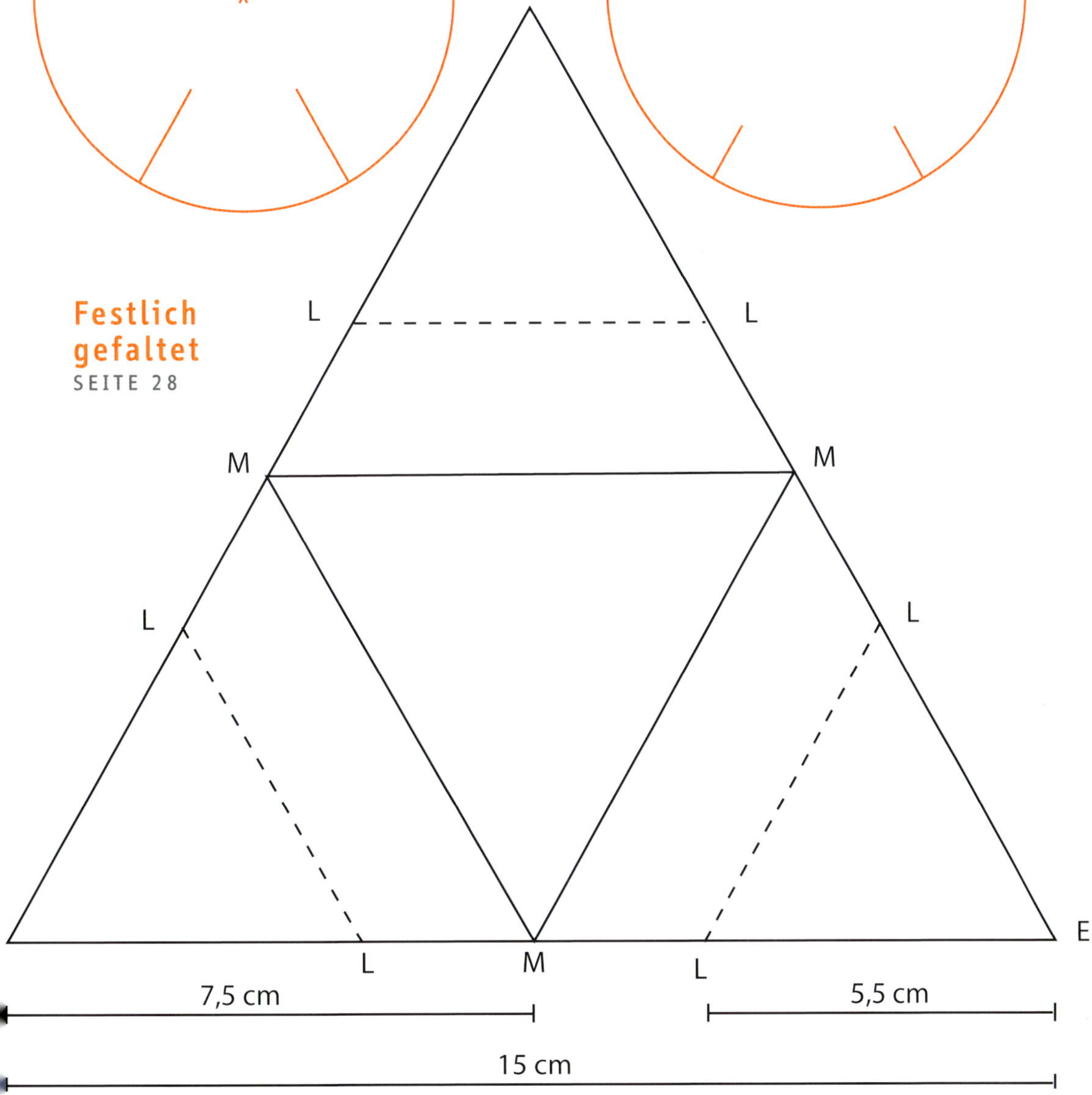

Skandinavisch angehaucht

SEITE 30

bitte auf 130 % vergrößern

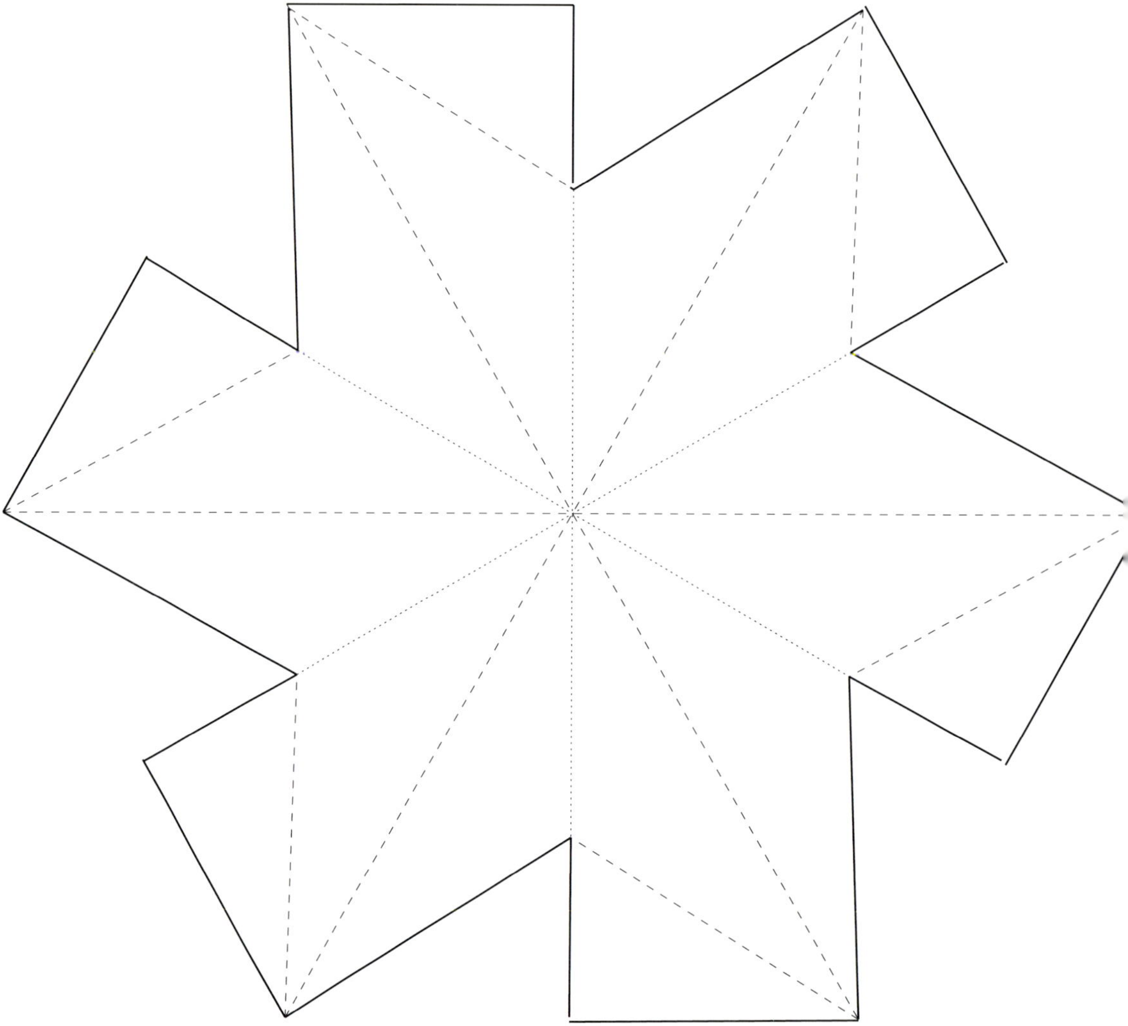

In frischen Farben

SEITE 14

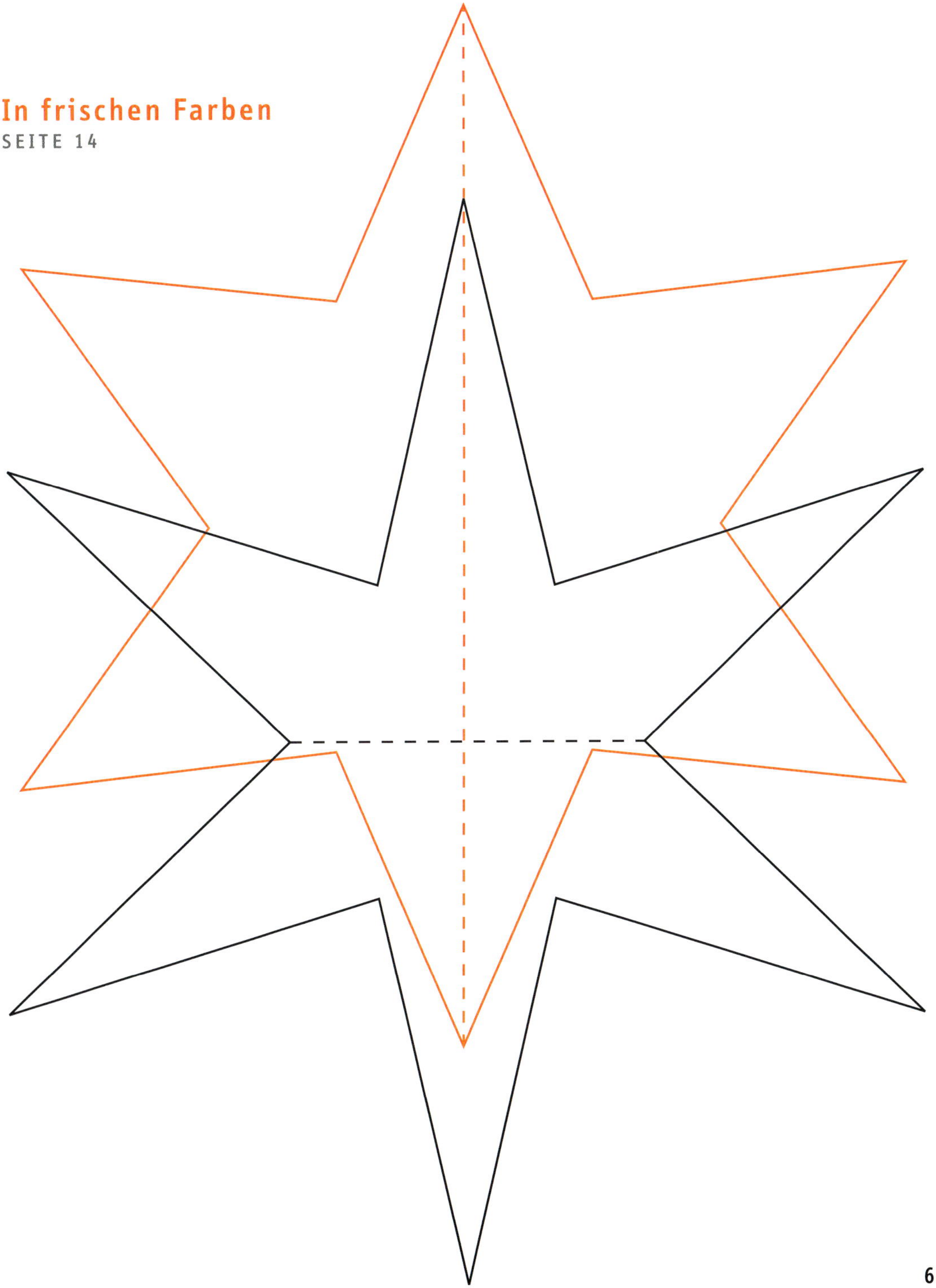

Buchtipps für dich

TOPP 3861

ISBN 978-3-7724-3861-5

TOPP 3863

ISBN 978-3-7724-3863-9

TOPP 3869

ISBN 978-3-7724-3869-1

TOPP 5817

ISBN 978-3-7724-5817-0

TOPP 3872

ISBN 978-3-7724-3872-1

TOPP 3857

ISBN 978-3-7724-3857-8

TOPP 3858

ISBN 978-3-7724-3858-5

TOPP 3859

ISBN 978-3-7724-3859-2

TOPP 3860

ISBN 978-3-7724-3860-8

TOPP 3870

ISBN 978-3-7724-3870-7

Weihnachtliches Basteln

Groß und Klein lieben es, in der Weihnachtszeit zu basteln. Geschenke oder Dekorationen, einfach oder anspruchsvoll, aus Papier oder im Materialmix, in unseren Büchern ist für jeden etwas mit dabei.

Die drei einfachsten Sterne

ie drei prächtigsten Sterne

Die drei vielseitigsten Sterne

Armin Täubner lebt mit seiner Familie auf der Schwäbischen Alb und ist seit über 25 Jahren als ungemein vielseitiger Autor für den frechverlag tätig. Eigentlich ist er Lehrer für Englisch, Biologie und Bildende Kunst. Durch seine Frau, die unter ihrem Mädchennamen Inge Walz noch heute Bücher zu den verschiedensten Techniken im frechverlag veröffentlicht, kam der Allrounder zum Büchermachen. Zweifelsohne ein Glücksfall für die kreative Welt!
Es gibt fast kein Material, das Armin Täubners Fantasie nicht beflügelt, und kaum eine Technik, die er sich nicht innerhalb kürzester Zeit angeeignet hat. Sein liebstes Material ist und bleibt aber Papier.

DANKE!

Wir danken der Firma Ludwig Bähr, Kassel, für die freundliche Bereitstellung von Material.

TOPP – Unsere Servicegarantie

WIR SIND FÜR SIE DA! Bei Fragen zu unserem umfangreichen Programm oder Anregungen freuen wir uns über Ihren Anruf oder Ihre Post. Loben Sie uns, aber scheuen Sie sich auch nicht, Ihre Kritik mitzuteilen – sie hilft uns, ständig besser zu werden.

Bei Fragen zu einzelnen Materialien oder Techniken wenden Sie sich bitte an unseren Kreativservice, Frau Erika Noll.

mail@kreativ-service.info
Telefon 0 50 52 / 91 18 58

Das Produktmanagement erreichen Sie unter:

pm@frechverlag.de
oder:
frechverlag
Produktmanagement
Turbinenstraße 7
70499 Stuttgart
Telefon 07 11 / 8 30 86 68

LERNEN SIE UNS BESSER KENNEN! Fragen Sie Ihren Hobbyfach- oder Buchhändler nach unserem kostenlosen Kreativmagazin **Meine kreative Welt**. Darin entdecken Sie vierteljährlich die neuesten Kreativtrends und interessantesten Buchneuheiten.

Oder besuchen Sie uns im Internet! Unter **www.frechverlag.de** können Sie sich über unser umfangreiches Buchprogramm informieren, unsere Autoren kennenlernen sowie aktuelle Highlights und neue Kreativtechniken entdecken, kurz – die ganze Welt der Kreativität.

Kreativ immer up to date sind Sie mit unserem monatlichen **Newsletter** mit den aktuellsten News aus dem frechverlag, Gratis-Bastelanleitungen und attraktiven Gewinnspielen.

IMPRESSUM

FOTOS: frechverlag GmbH, 70499 Stuttgart; lichtpunkt, Michael Ruder, Stuttgart; Armin Täubner (alle Arbeitsschrittfotos und Seite 64)

ZEICHNUNGEN: Armin Täubner

PRODUKTMANAGEMENT: Claudia Mack

LEKTORAT: Redaktionsbüro Kim Marie Krämer, Leinfelden-Echterdingen

GESTALTUNG: Petra Theilfarth

DRUCK UND BINDUNG: Finidr, s.r.o., Cesky Tesin, Tschechische Republik

Auflage:	5.	4.	3.	2.	1.	
Jahr:	2014	2013	2012	2011	2010	[Letzte Zahlen maßgebend]

ISBN 978-3-7724-5824-8 • Best.-Nr. 5824